ブラック校則

理不尽な苦しみの現実

OGIUE CHIKI
荻上チキ
UCHIDA RYO
内田良

TOYOKAN

はじめに

まだ、こんなことをやってるのか。もう21世紀だぞ――。

学校見学やボランティア授業などをするために、各学校を訪れた際、このような気持ちになったことは一度や二度ではない。子どもが最初に科学に接し、生きるための知恵を身につける場所である学校。そこで、理不尽で、息苦しい校則が、今なお蔓延している。

2017年。一つの訴訟をきっかけに、理不尽な校則についての議論が巻き起こった。新聞で、テレビで、雑誌で、ラジオで。子ども新聞から教職員向けの雑誌まで。様々な媒体で、校則はどうあるべきかというやりとりが交わされた。

日本の学校に通った人であれば、一度は理不尽な思いをしたことがあるのではないだろうか。SNS上でも次から次へと、「自分の学校にもこんな校則がある」「自分の子どもの学校で、こんなおかしな指導がなされている」というエピソードが投稿されている。

なぜこんなに、校則によって縛られなくてはならないのか。おかしいのではないか。そう思考し、声をあげる力すら奪われ、従順に「目上の人」に従うことを叩き込まれる。そうした校則運営のあり方は不健全なのではないか。沸き起こる疑問とともに、ではそれをどうすればいいのかという問いが頭の中を駆け巡る。

そうした時につくられたのが、「ブラック校則をなくそう！ プロジェクト」だ。私はボランティア・リサーチャーとして調査や会見設定などでサポートした。何かを改善したいのであれば、まずは実態がどうなっているのかを調べなくてはならない。現状、背景、影響、人々の意識など。そうした調査に基づき、具体的な提案を行うことが重要となる。

本書は、調査報告を兼ねた記者会見を見た東洋館出版社の大竹氏から、本という形でこそ届く人たちがいると依頼されたことがきっかけで編まれた。当初は単著としての依頼であったため、「自分は校則の専門家でないから」と断っていた。しかし、そもそも校則の専門家はほとんど存在しないこと、調査結果を後世にも残すことが重要であること、広く社会提案をすることなどの観点から、大竹氏からの再三のアプローチに対し、「編著という形なのであれば」と応じることにした。

校則の現状とこれから、というテーマであればと、原稿依頼したい人たちが頭に浮かんできた。まずは共同編著者として内田良を。そして内田良と共に目次案をつくり、専門家各氏に執筆をお願いした。各章は三部構成にまとめてある。

第1部では、私たちが行った調査の結果から、統計データ、事例データを紹介する。

第2部では、理不尽な校則の構造や悪影響について、各分野の当事者・スペシャリストに分析してもらった。

第3部では、校則はどう変えるべきか、いかにして変えることができるかについて取り上げている。

そして巻末には、共編著者である荻上と内田による対談と、校則改善に関する簡単な想定問答を掲載した。

執筆陣の願いは一つだった。日本の学校が、より安全で過ごしやすく、多くの子どもたちにとって居心地のいい学びの場になってほしい。その願いを実現するため、多様な視点をもちよったのがこの本だ。結果として、力づよく、幅広く、それでいて非常に読みやすい問題提起の書ができたと思う。

私も願っている。この本が、さらなる議論の呼び水になることを。そして、読後のあなたが、具体的に校則問題を改善していくための積極的なリーダーやフォロワーになってくださることを。なにより、一人でも多くの子どもが、理不尽な目に合わなくて済むような社会へと一歩近づくことを。

荻上チキ

はじめに 001

第1部 調査から見えるブラック校則の現状

第2部 子どもたちの理不尽な苦しみ

第3部
ブラック校則をなくすには

第1部

調査から見える ブラック校則の現状

２０１７年、髪の毛が生まれつき茶色いにも関わらず、教員から黒染めをするよう強要され、精神的苦痛を受けて不登校になったとして女子高校生が裁判を起こした。この報道をきっかけとして、有志による「ブラック校則をなくそう！　プロジェクト」が発足し、校則に関する類を見ない、大規模な調査が行われた。

第１部ではこの調査の結果を、統計データ、および当事者・保護者・教師といった人々の声という二つのの視点から詳細に示し、子どもたちが置かれているブラック校則の現状を明らかにする。

1

データから見るブラック校則

荻上チキ　岡田有真

2017年。生まれつき茶髪の生徒が、通学する大阪府の高校で髪の黒染めを強要されて精神的被害を受けたとして学校側を提訴、報道で大きく取り上げられた。その一件を受け、「ブラック校則をなくそう！　プロジェクト」が立ち上げられ、校則についての実態調査を行った。

何事も、まずは実態を確認しなければ議論は進められない――はずなのだが、どうも教育論議をはじめとしたさまざまな分野で、データも理論も伴わない「当てずっぽうな議論」が行われている。校則についての議論も同様だ。さまざまな問題校則や不適切指導が、いったいどの程度行われているのか、わからないままの議論が続いていた。

また、ことの発端となる黒染め強要だが、そもそも日本で暮らす人のうち、どれくらいの割合が「生まれつき髪の色が茶色」なのかも把握されていなかった。根拠なく、「日本の学生は黒髪でなければならない」といった思い込みが継続してきたのだ。

そうした状況を脱するために、プロジェクトではまず、量的調査と質的調査の二つに取り組んだ。すなわち、データと事例の収集だ。本章では、データから見えてくる、問題校則の実態について読み解いていきたいと思う。

1 調査の概要

２０１８年2月、調査会社を通じて、４種類のアンケートを行った。10代（15歳以上）から50代の男女２０００人を対象に、人口動態の比率に合わせてランダムサンプリングを行い、うち１０００人には中学生時の経験を、残り１０００人には高校生時の経験を聞いた。また、予備調査によって、事前に「中高生の親である」人を抽出したうえで、人口動態比率に合わせてランダム抽出された現役保護者２０００人を対象にした調査も行った。こちらも、うち１０００人は現役中学生の保護者、残り１０００人は現役高校生の保護者だ。

こうした設計によって、世代別の校則状況を把握することができる。また、本人の経験アンケートと、現役の保護者アンケートを重ねることで、現在の10代の状況をより確かな仕方で把握することができる。

アンケートでは、基本的な属性のほか、校則や理不尽な指導の体験率を尋ねている。各項目は、事前にツイッターで、「#ブラック校則」「#こんな校則はいらない」というハッシュタグに投稿された１０００件以上の事例から、頻出していた項目を選択肢として配置した。そのほか、学校の偏差値や荒れ状況、本人の学力や性格、いじめ経験、マイノリティ属性、逸脱行動経験、対人信頼尺度、自尊心尺度など、複数の項目を尋ねている。

調査については、荻上が名古屋大学教育学部の内田良氏に助言をもらう仕方で設計。集まったデータを、荻上と岡田とで分析した。また、調査費用については、村上絢氏が運営する村上財団に提供いただいた。

2 「日本人なら黒髪」という思い込み

まず、毛髪についての項目を見ていこう。

図1の本人向け調査によれば、生まれつきの髪色・髪質が「黒髪ストレート」の割合は6割。保護者向け調査によれば7割となった。二つの調査の間にある、1割のギャップは、主に「くせ毛」に対する評価の差によるもので、「茶色」の認識に大きな差はない。すなわち、保護者よりも当人の方が、自らの髪質を「くせ毛」だと自認する割合が多いということがわかる。

「茶色」の割合は、本人・保護者調査共に、8％程度。「日本人なら黒髪」というのは、データから見ても一つの偏見であるということがわかる。また、「くせ毛」と答えた人は3割程度。「黒髪ストレート」でない人は、実はこれだけたくさんいる。

くせ毛の度合いが強い人には、「天然パーマ」という言葉が用いられることがある他方で多くの学校は、パーマを禁止している。そのため、「茶髪には黒染め指導を」「天然パーマには縮毛パーマ指導を」といった事例が発生する。

毛髪指導などに関して調査したところ（表1・表2）、全体としては1〜2％の者が黒染め要求を経験していることがわかった（もともと染める必要のない「黒髪」の人を含めた数字を分母とする）。このうち、**生まれつきの髪色が「茶色」の者に絞って集計すると、中学時代で1割程度、高校時代で2割程度が「髪染め指導」を経験している。**中学より高校の方が、毛髪指導が厳しいのだ。

細かく数字を見ていくと、年代によって黒染め要求の率が変わっており、特に現役高校生の10代でその割合が高くなっていることがわかる。

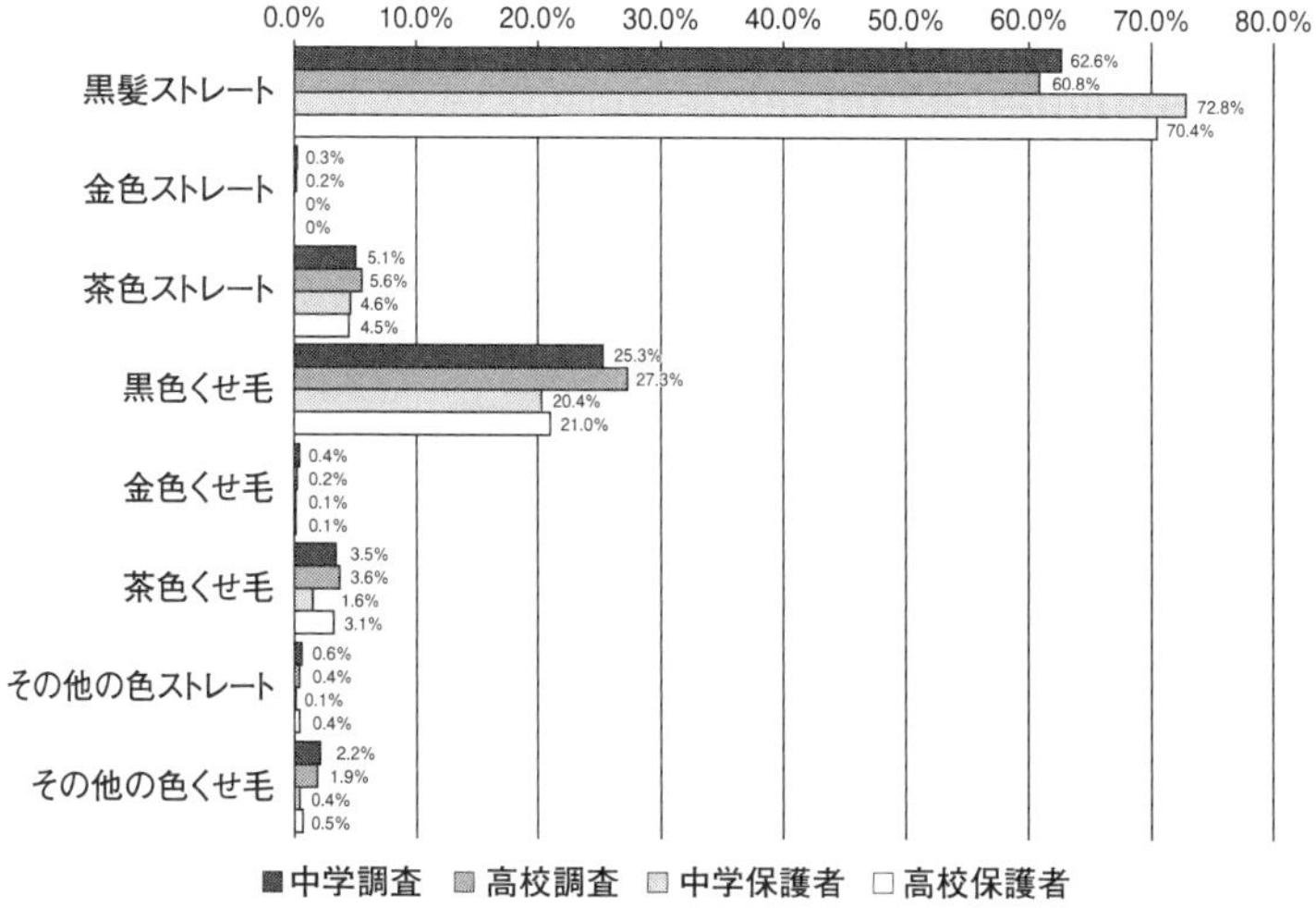

図1　自身の生まれつきの髪色・髪質に関する調査

※中学保護者、高校保護者については、「子どもの髪の毛」について尋ねた数値を入力

表1　中学生時の毛髪指導経験率（%）中学時全体

	10代	20代	30代	40代	50代
黒染め要求	2.5	1.2	1.9	0.4	0.0
地毛証明書	1.9	1.2	3.3	2.0	1.9
赤子の写真	1.3	2.4	1.4	0.8	0.0
縮毛要求	0.6	3.6	0.5	0.8	0.5
教師のからかい	0.6	1.8	1.4	0.4	1.4
他生徒のからかい	5.1	3.0	1.4	2.0	0.5

表2　高校生時の毛髪指導経験率（%）高校時全体

	10代	20代	30代	40代	50代
黒染め要求	6.3	3.0	1.9	0.0	0.9
地毛証明書	7.0	0.6	1.9	1.2	1.4
赤子の写真	3.2	1.8	1.4	1.2	0.5
縮毛要求	1.9	0.6	1.4	0.0	0.0
教師のからかい	2.5	1.2	0.5	0.8	1.9
他生徒のからかい	3.2	3.0	0.5	1.2	1.7

いくつかの仮説は立てられる。ここ数十年は、ドラッグストアなどで染髪剤が普及し、茶髪にすることがファッションとして定着した一方で、黒染めもまた技術的には容易になった。そのため、「指導」の名のもとに、「黒染め要求」が安易に選択される機会が増えたのかもしれない。あるいは、特に高校生を対象に増加傾向にあることから、近年の生徒指導の現場に、意識的な変化が拡がっているることが示唆されているのかもしれない。

中学での「他生徒のからかい」が増加しているのも気になる。髪の毛の色が違うことが、学校では白眼視されやすくなっているとすれば、校則が「みんなと同じ色でなくてはならない」とする規範を強化し、排除の空気をつくり上げている可能性もある。いずれにしても、生まれ持っての身体的特徴をからかったり、その特徴を直接的・間接的に否定するような「ルール」は、本人の人権を侵害する差別であるという事実を確認しなくてはならない。

3　中学の校則が厳しくなっている：校則体験の実際

(1)　中学時代の校則体験

中学時の校則について、種別と年代別にまとめた（表3）。表3のように、校則にはトレンドがあることがわかる。例えば「水飲み禁止」については、若い世代になればなるほど、経験率が下がっている。他方で、**「スカートの長さ指定」「下着の色指定」「眉手入れ禁止」「整髪料禁止」などは、多くの項目が近年になって増加傾向にあることがわかった。**

これは意外な結果であった。もともとこの調査をはじめる際には、「そんな校則、まだあるのか」というような社会の認識に対して、「これくらいは、まだあるみたいです」と提示できるデータになるだろうと予想していた。「きっと減っているだろう」という仮説（という名の思い込み）が調査者にあったわけだ。しかし、その仮説はデータによって覆された。背景には、学校の慣性バイアス（前例を踏襲する傾向）による継続、新たな「統率」ニーズの増大、少子化や学校選択制のなかでの「地域へのアピール」の拡大、ゼロトレランス教育（厳しく指導・罰則を行う対応）などによる不寛容化、あるいは教員の多忙化による一括管理化など、さまざまな説が考えられる。トレンド変化の理由についてまでは、この調査では把握できない。

しかし、根本的な考え方はわかる。日本の学校は、制服を導入するだけでなく、多様なファッションを「平等原則」「おしゃれ禁止」「盗難などのトラブル防止」「授業の妨げ」といった理由で抑圧する傾向が強くある。他方で、各家庭の実情や子どもたちのおしゃれニーズは多様化している。そうした中、それぞれの理由で子どもたちを「再・画一化」する動きが出てきている。従来からあるスカートの長さの統一のほか、下着の色、眉毛を整えることの禁止など、80年代とは異なる新たな管理項目が急増加しているわけだ。

また、日焼け止めやリップクリームについても、禁止を経験した者の割合が増加している。日焼け止めやリップクリームについて、「おしゃれ」と認識している学校も多いのだが、これらはサンバーン対策や唇の荒れ対策など、現代では利用者の健康維持にも欠かせないアイテムとなっている。こうした項目に注目すると、**大人であれば当たり前に利用できるものが、過剰に取り締まられている傾向**が浮き彫りになってくる。

こうした項目を禁止することで、教育にとってプラスになるというデータは見当たらない。どうも、社会に出るための市民訓練の場ではなく、短期間だけ「学校化」させることで、秩序を維持することが優先されているように思える。

学校に荷物を置いて帰ってはいけないとする、いわゆる「置き勉禁止」も増加している。しかし、成長期に、毎日重たい荷物を持ち運ぶことは、姿勢などにも悪影響をもたらす。大正大学の白土健氏は、都内の民

表3　中学時代の校則体験（%）

	10代	20代	30代	40代	50代
給食を残すと、休み時間に遊びに行けない	3.8	4.2	6.2	6.4	1.9
髪の毛の長さが決められている	26.6	16.7	13.7	32.0	25.4
髪型が細かく指定されている	20.9	17.3	10.0	15.6	13.2
スカートの長さが決められている	57.0	38.1	23.7	40.4	34.7
下着の色が決められている	15.8	4.8	1.9	3.2	0.9
眉毛を剃ってはいけない	44.3	20.2	8.1	11.2	8.5
整髪料を使ってはいけない	38.6	19.6	10.4	10.0	7.0
チャイムの前に着席をする	51.9	16.1	16.6	20.4	12.7
カバンや制服はおさがりではなく新品でなくてはいけない	0.6	1.8	0.0	1.6	0.0
冬でも、ストッキングやタイツ、マフラーなどの防寒対策をしてはいけない	7.6	2.4	2.4	6.4	4.7
体育や部活時に水を飲んではいけない	3.2	3.0	4.7	17.2	9.4
帰宅途中に買い物をしてはいけない	50.0	23.2	31.3	30.0	19.7
教科書や辞書を学校に置いて帰ってはいけない	26.6	12.5	12.8	22.4	14.1
日焼け止めをもってきてはならない	8.2	5.4	3.3	5.2	1.9
リップクリームをもってきてはならない	6.3	3.0	2.4	7.6	3.3
恋愛をしてはいけない	1.3	4.8	1.0	2.4	1.4
SNS をつかってはいけない	3.8	3.6	0.5	1.2	0.5

間学童保育に通っている低学年児童のランドセルの重さを調査した。すると、平均の重さは約7・7キロで、最高は9・7キロという結果がでた。大人でも持ち歩かないような量の荷物だ。

健康被害という点では、髪染めの強要も、頭皮へのダメージを数年間にわたって継続させるものだ。第2章でも触れるが、自尊心や身体だけでなく、経済的なダメージも少なくない。

(2) 高校時代の校則体験

高校においても（表4）、現代の方が厳しくなっている校則が多くある。中学同様、スカートの長さの指定だけでなく、下着の色の指定などの項目も、90年代以降増加傾向にある。

学校教員におこなったインタビューでは、痴漢予防を規制の根拠にあげる学校もあった。しかし、**痴漢が被害者の服装によって引き起こされるというのは、性暴力についての典型的な思い込み**であり、生徒に「呪い」をかけることに他ならない。また、男性教員によってスカートチェック、下着チェックをされたという女性の声も少なくなく、その行為自体が（スクール）セクシュアルハラスメントにあたるという認識の普及が必要だ。

下着チェックについては、保護者アンケートでもその増加が見て取れた。保護者本人の経験と、子どもの経験の両方を聞いたところ、「下着の色が決められている」の割合は現在の中高生の方が高くなった。近年になってこのルールの実施率が高くなっているということが裏付けられる。

(3) 中高比較からみえること

中学校と高校での体験を比較してみると（図2）、中学校のほうが校則が厳しくなりがちであることがわかる。教員からすれば、中学生の方が、より強い管理を必要とする時期なのだということになるかもしれないが、「中学生らしく」過剰コントロールするという風潮が全国的に根強いとも言えるだろう。義務教育の期間は、「学校とはそうい

表4　高校時代の校則体験（%）

	10代	20代	30代	40代	50代
給食を残すと、休み時間に遊びに行けない	1.9	3.6	1.4	0.8	0.9
髪の毛の長さが決められている	13.9	12.5	11.4	14.0	23.5
髪型が細かく指定されている	16.5	13.1	9.5	10.0	12.7
スカートの長さが決められている	48.1	32.1	27.5	25.6	30.5
下着の色が決められている	11.4	7.1	1.4	1.6	0.9
眉毛を剃ってはいけない	26.6	11.9	6.2	7.6	6.1
整髪料を使ってはいけない	29.1	12.5	4.3	6.8	3.8
チャイムの前に着席をする	26.6	9.5	10.0	8.4	10.8
カバンや制服はおさがりではなく新品でなくてはいけない	2.5	0.6	1.4	0.8	0.0
冬でも、ストッキングやタイツ、マフラーなどの防寒対策をしてはいけない	3.2	1.2	2.4	1.2	0.9
体育や部活時に水を飲んではいけない	0.6	1.2	3.8	3.2	5.6
帰宅途中に買い物をしてはいけない	8.2	2.4	5.7	6.8	9.9
教科書や辞書を学校に置いて帰ってはいけない	10.7	6.6	6.6	8.8	10.8
日焼け止めをもってきてはならない	0.6	1.2	0.5	1.2	0.5
リップクリームをもってきてはならない	1.3	1.8	1.4	2.8	1.4
恋愛をしてはいけない	1.3	4.2	2.8	2.0	0.9
SNS をつかってはいけない	2.5	1.2	0.5	0.8	0.0

う場所なのだ」という思い込みのもと、市民社会ではなされないさまざまな奇習がおこなわれ続けている。

他方で、毛髪指導については高校の方が経験率が高いため、校則にあることと、具体的指導の経験は、分けて考える必要があるだろう。

校則にも、生徒手帳やプリント、ウェブサイトなどに明記されているものと、教員の裁量や「伝統」「校風」の名の下に行われているものとがあり、全てが書面などで示されているわけではない。また、校則だけでなく、部活動独特のルール「部則」なども存在する。どのような仕方であれ、**児童生徒の権利を侵害するものについては、それをおかしいと言いやすい社会的通念を形成していく必要があるだろう。**

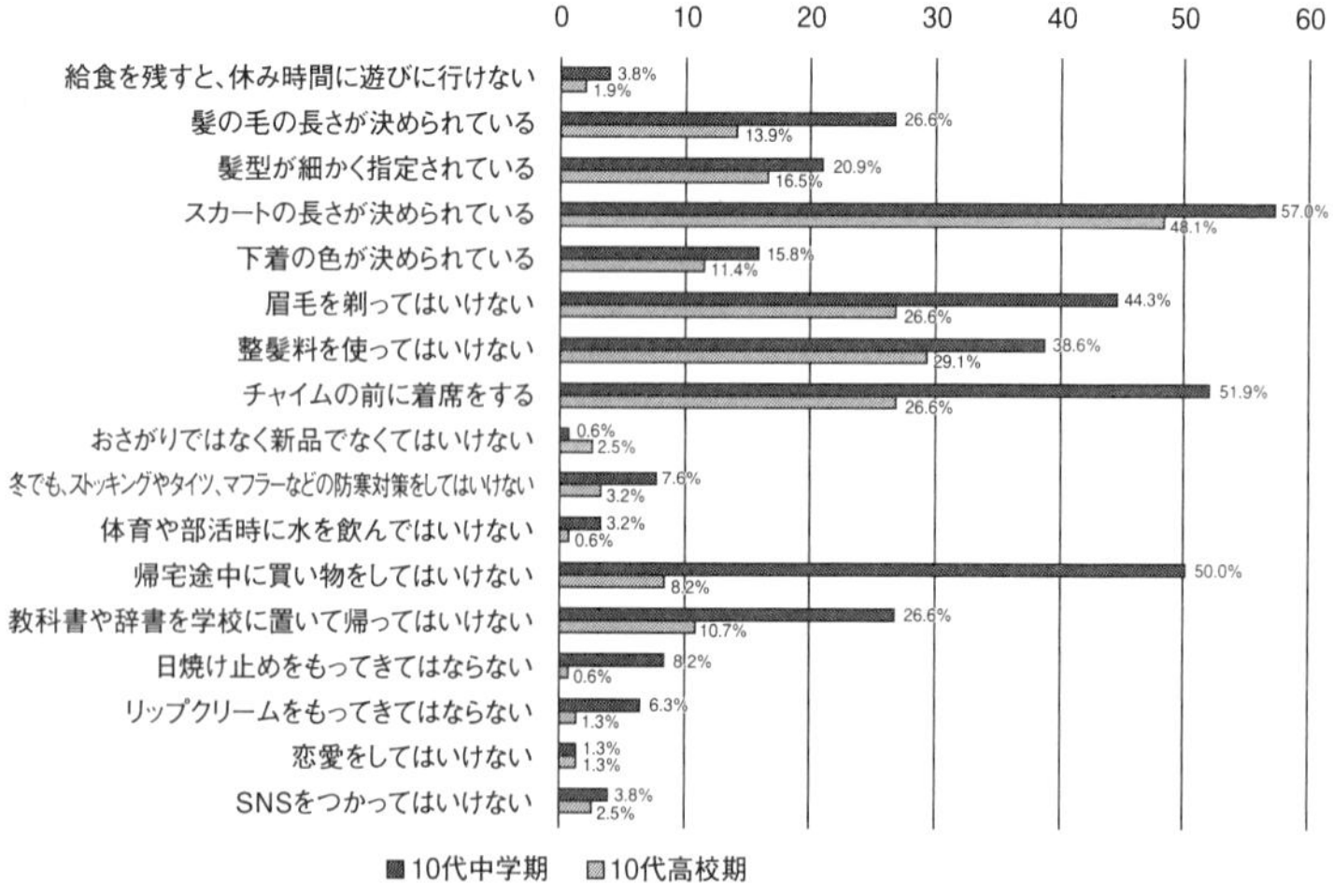

図2　10代の中高校則体験比較（%）

4 理不尽な指導

(1) 中学時の理不尽な指導

中学時の教員からの理不尽な指導を年代ごとにクロスした結果、理不尽な指導にも「はやりすたり」があることがわかる（表5）。全国的には、強く叩く、廊下に立たせる、正座させるなどの指導経験は、概して若くなるほど減少している。ただし、これらはいずれも、文科省の定義している「体罰」にあたるものであるため、そもそも経験している人がまだ多数いること自体が問題だ。

軽く叩く、連帯責任など、一度は減少したものの、再び増加していると考えられるものもある。弱く叩けば体罰ではないと考えているのであれば間違いだ。

また、人前で叱責したり、みんなの前で謝らせるといった行為も問題だ。これらは「羞恥刑」と言うが、「羞恥刑」は自尊心を傷つける、心と脳への体罰だ。そうしてダメージを負った結果、不登校や指導死につながってしまった例も多々ある。

(2) 高校時の理不尽な指導

高校時の教員からの理不尽な指導についても、時代ごとの変化が見られる。「髪の毛を強制的に切られた」体験はほぼ見られなくなっているが、「自主的に」切ったり染めたりするよう求める仕方は一定的な数字を保ってしまっている(表6)。

また、性暴力被害を訴える現役10代も存在している。アメリカのホワイトハウスが、オバマ政権

表5　中学時の理不尽な指導（%）

	10代	20代	30代	40代	50代
連帯責任で叱られた	27.2	22.6	17.5	30.4	20.2
軽く叩かれた	14.6	8.9	15.2	26.8	23.9
強く叩かれた	2.5	6.0	12.8	31.2	14.6
人前で強く叱責された	11.4	13.1	11.4	24.0	13.2
人前で体型をからかわれた	3.2	3.0	2.8	3.6	1.9
人前で成績を難じられた	5.7	3.0	2.4	3.2	1.9
下着の色をチェックされた	2.5	1.2	0.5	0.8	0.0
身体を性的に触られた	1.9	1.2	0.5	0.8	0.5
皆の前で謝らされた	6.3	1.8	3.3	6.4	2.8
廊下に立たされた	3.8	3.0	5.2	14.4	10.8
授業中に正座をさせられた	1.3	1.2	2.8	9.6	6.1
反省文を書かされた	9.5	5.4	4.3	12.0	5.2
髪の毛の長さを測られた	5.1	4.7	1.4	11.6	8.0
スカートの長さを測られた	7.6	7.1	4.7	9.2	6.1
髪の毛を切ったり染めるよう求められた	8.2	6.0	3.8	6.8	4.2
髪の毛を強制的に切られたり洗われた	0.6	1.2	0.5	3.2	0.9
部活を辞めさせてもらえなかった	3.2	1.8	0.0	2.8	0.9
体調不良や怪我でも部活参加を強要された	3.8	3.0	1.4	5.2	0.0
体調不良や怪我でも授業参加を強要された	4.4	5.4	1.9	4.8	0.9

時に〝1 is 2 many〟というキャンペーンを行った。性暴力は「一件《ワンイズ》でも多すぎる《トゥーメニー》」という意味のスローガンだが、この理念は、社会全体で、そしてもちろん全教育現場で直ちに改められなくてはならないものだと言える。

部活動への強制加入や、怪我をしても休みを認められないといった実態も問題であろう。昨今、「ブラック部活」が話題となっているが、部活はいま、教員の働き

表6　高校時の理不尽な指導（%）

	10代	20代	30代	40代	50代
連帯責任で叱られた	15.2	13.1	4.7	12.0	14.1
軽く叩かれた	6.3	4.8	8.5	12.8	13.2
強く叩かれた	4.4	3.6	5.7	10.4	9.9
人前で強く叱責された	13.3	6.6	8.5	10.0	10.3
人前で体型をからかわれた	3.8	4.2	2.8	2.0	0.5
人前で成績を難じられた	5.7	4.2	1.9	3.2	2.4
下着の色をチェックされた	2.5	1.2	0.5	0.4	0.9
身体を性的に触られた	0.6	1.2	1.0	0.8	0.0
皆の前で謝らされた	3.2	1.8	2.8	1.6	1.9
廊下に立たされた	1.3	2.4	2.8	4.0	7.0
授業中に正座をさせられた	1.9	0.6	1.4	3.2	5.6
反省文を書かされた	8.2	6.0	2.8	6.0	5.6
髪の毛の長さを測られた	4.4	1.8	2.8	7.2	6.1
スカートの長さを測られた	7.6	7.7	6.2	8.8	7.0
髪の毛を切ったり染めるよう求められた	8.2	5.4	6.2	7.2	5.2
髪の毛を強制的に切られたり洗われた	0.0	0.6	1.0	0.4	2.4
部活を辞めさせてもらえなかった	2.5	1.2	1.0	0.8	1.4
体調不良や怪我でも部活参加を強要された	3.2	6.0	0.5	0.8	1.4
体調不良や怪我でも授業参加を強要された	1.9	2.4	1.4	1.6	0.5

方、生徒の健康被害、スポーツへの誤解など、さまざまな角度から見直しを求められている。部活動を強制・強要することによって、結果としてスポーツや文化活動を嫌うことになっては、意味がないだろう。

5 管理項目の多元化と指導の画一化

色々な項目をみて確認できるのは、現在ではかつてとは別の仕方で、管理項目の多元化が進んでいるということだ。80年代には管理教育が大きく取り上げられ、丸刈り校則などをめぐって裁判も行われた。その頃から校則はいったん落ち着きをみせたものの、新たな管理項目が急増しているのだ。

実際の子どものニーズから考えれば、集団教育から個別対応への変化が求められているのが現代だ。しかし、認識やマンパワーが追いつかない。そうした中、80年代のような非行防止の文脈ではなく、学校間の競争や広範なトラブル防止のため、事なかれ主義で「規制の押し付け」が増えていく。昨今の「携帯の持ち込み禁止」はその代表的な例であろう。この校則は、ネットいじめが話題となった2000年代後半頃、各学校が実施していったうえ、文科省の「原則持ち込み禁止」の通達でさらに上塗りされたもの。文科省が、一つの校則にお墨付きを与えた格好になる。

画一的な校則による指導は、生徒のストレスを増加させ、教室での居心地の悪さを助長する（荻上チキ『いじめを生む教室』PHP新書、2018）。多くの校則は、学校や保護者による管理ニーズから発生したもの。学校空間でしかありえないルールが多く、「社会に出て役に立つ」わけでもない。それでも子どもの権利を縛ることに妥当性はあるのか。他国では存在しない校則が、あたかも当然であるかのように実施されているのはなぜか。ゼロベースからの見直しが必要だと言えるだろう。

6 その他に明らかになったこと

最後に、本文に論じきれなかったものの、今回の調査から得られた知見を簡潔にまとめた。

○学校区分と校則の関係……**国公立と私立では、私立に校則が厳しい学校が多い。**私立は国公立に比べて学校の裁量が大きい。それゆえに非常に自由な学校もあるが、全体としては国公立よりも校則が厳しい学校が多くみられる。

○学校の学力（偏差値）と校則の関係……**学校の偏差値と統計的に有意な関連を持たない**

校則が多く、一般に考えられているような、「学校の偏差値が低いほど校則が厳しい」といった直線的な関係はない。

「あの学校はうちの学校より偏差値が高いから校則も緩い」といったようなことを聞いたことがあるかもしれない。しかし全体の傾向について考える場合、そう単純に当てはまるものではないことがわかる。

○ 校則と理不尽な指導の関係……**校則が厳しかった学校の生徒の方が、理不尽な指導を経験していることが多い。**

これは、理不尽な指導と校則の関係性をにおわせる結果である。この結果だけでは確かなことは言えないが、校則違反が理不尽な指導の理由になりうるだろうし、「従順さを求める」という志向は共通しているため、厳しすぎる校則が、「理不尽な指導が起きやすい状況」をつくるように働いている可能性は十分考えられる。

○ 校則に対する考え方……**自分が理不尽な指導を受けたことのある人ほど、現代の校則についいて時代に合わないと考える。逆に言えば、自分は理不尽な指導を受けていないという人ほど、「そうした校則が（今の若い人に）あっても仕方がない」と考えている。**

こうした実態を受けて、校則をどう議論すべきか。校則を見直すべきと考えている人は全体として多数派だが、人によってさまざまな考え方があり、項目によっても大きく差が出ている。

いずれにしても、当てずっぽうに議論を展開するのではなく、データや事例に基づいて、どのような教育を目指すために、どのような手段がいいのか。校則や指導は、あくまで手段のうちの一つであり、今の形でなければいけないというものではない。ここで示した数字が、これからの議論の参考になってほしいと強く願う。

2

ブラック校則の具体事例

荻上チキ

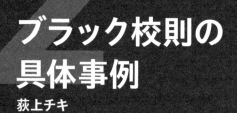

「ブラック校則をなくそう！　プロジェクト」では、具体的な事例を収集するため、投稿フォームを設置した。フォーム宛には、設置4ヶ月ほどで、200件ほどの投稿が集まった。内容には、具体的な地域名や学校名、投稿者の本名や連絡先が含まれている。

フォーム宛に積極的に投稿するということから、理不尽さをより強く感じているという方からの訴えという形になる。そのため、代表的な声とは必ずしも言えない。しかしながら、実体験からの悲痛な叫び声という意味では、決して無視のできないものだ。本章ではそれらの投稿のうち、2010年代以降に経験したという事例のみに絞って、種別ごとに紹介していきたい。なお、本人の特定を避けるために、文意を損ねないかたちで編集を加えた。

1　髪染め強要

まずは、このたび社会問題化された「黒染め強要」について。生まれつきの髪色が黒髪でないというだけで、他の生徒と異なる処遇を受けるということは、決して珍しいものではない。

●生まれつき茶髪の娘が、繰り返し黒染めを要求された。二ヶ月ごとに髪の毛を染めるように求められた。生活保護を受けているので、そんなにしょっちゅう美容室に行く余裕はない。美容師の友人に頼んで染めてもらったりして対応したが、限度を感じたため、学校に相談。対応は、「規則ですから」「嫌なら辞めてもいい」のみ。卒業するまで染め続けることを思い、心身ともに参っている。**（福岡・私立高校・保護者）**

●入学後の頭髪検査で、光があたると茶色く見えるので黒に染めるよう言われたと帰ってきた。県の教育委員会に相談したが、学校に任せているのでと対応せず。元々、私自身も子どもたちも生まれつき色素が薄かったが、世間一般的に問題のある程ではないと思う。髪が茶色くなるからドライヤーの使用禁止という校則も意味がわからない。**（千葉県・公立高校・保護者）**

●生まれつき髪の色が茶色。長くなると茶色が目立ってくるため、地毛証明書を提出しているのを知っているのに、毎回頭髪検査で「毛先を切れ」「結んで目立たないようにしろ」と言われ、髪を伸ばすことが許されない。何度訴えても変わらず、指導で散髪した際の費用も自己負担。修学旅行前には「その髪では連れて行けない。〇日までに髪を短く切れ」と指導。修学旅行の写真を見返しても、そのことが一番に浮かんでしまう。**（茨城県・私立高校・当事者）**

●子どもの髪の地色が茶色く、そのことを指導されたため美容院で黒く染めたが、翌日まだ茶色いと指摘された。許可が出るまでは、毎日早めに登校し別室で一人過ごすことに。白髪染めを何度も使い、カツラのように真っ黒になったらやっと許してもらった。以降も毎月「光を当てたら髪色がまだら、染めているはず」と言われる。実際には、毎月指導のせいで黒染めしているためにまだらになっているのでは。髪がゴワゴワになってしまいかわいそうで、文句を言いたいが、学校生活に悪い影響が出ることを懸念。**（福岡県・私立高校・保護者）**

●子どもは生まれつき髪の毛の一部が金髪で、入試の段階から学校に申し送りをしており、担任もそのことを承知している。しかし、生活検査担当の教師が金髪の部分の髪の量を減らすように何度も指導してくる。管理職より生まれつきの場合には指導しないように言ってもらい、生活検査の時には担任に同席してもらうことになった。しかし、担任が出張で不在の時に、再度金髪について指導された。何度も抗議して職員会議で管理職から伝えてもらっているのに、理不尽な指導が続いていることが腹立たしい。**（福岡県・私立高校・保護者）**

●子どもの髪色が茶色いという理由で、登校できず一方的に指導されたうえ、帰らされた。「髪の根元は黒いので染めているはず」と教師から言われたが、実際には確認されておらず、そもそも根本の色も同じ。髪が傷んでいるために茶色に見えているだけ。担任と話したが、聞く耳を持たず話にならない。学校内では先生が校則であるかのよう。**（神奈川県・公立高校・保護者）**

第1章で触れたように、生まれつき髪の毛の色が茶色という人の割合は8％ほど。そうした人たちに対し、髪を黒くすることや、地毛証明を提出することを求める。これは、生まれつきの身体的特徴による差別だ。

各投稿からは、黒染め指導などの対応によって、子どもや保護者が具体的に苦しんでいる様子が伝わってくる。また、茶髪禁止というルールだけでなく、融通のきかない教師や学校への対応に苦慮している様子も伝わってくる。

「ブラック校則」は、単に明文化されたおかしな校則のことを指すのではない。現場の裁量や校長の指針によって、急遽ルールが設けられ、子どもたちをしばるようなものも含められる。また、ただルールがあるだけではなく、それが理不尽な仕方で、指導という名のもとに子どもたちに押し付けられる。そこに、子どもたちや保護者が納得できるような説明がないことが多いのだ（巻末の「ブラック校則　想定問答」を参照）。

毛髪指導は、子どもや保護者の尊厳を傷つけるだけではない。染髪を繰り返すことによって、頭皮や髪の毛へのダメージを蓄積することはもちろんのこと、経済的負担ものしかかる。特定の子どもに対し、生まれつきの身体的特徴を理由に、「学校に参加するためにはより高い学費を払え」と言っているようなものだとすれば、わかりやすいのではないか。

2　パーマ禁止

毛髪指導のもう一つの柱が、「パーマ禁止」という項目だ。このことによって、「くせ毛」の生徒たちがターゲットにされ、「指導被害」にあっているという実態が多く寄せられた。

●「制服は規定通り」「パーマ禁止」「眉剃り禁止」「爪の長さ」「派手な色つきリップ禁止」「香水禁止」「男女の派手ないちゃつき禁止」等、生徒手帳で細かく定められているうえ、それ以外も生徒指導担当教師によって禁止事項が変わる。子どもがくせ毛であることは申請し許可されているのに、それを伝えても「ストレートパーマで伸ばすように」と注意されたこともあった（パーマ自体が校則で禁止）。保護者から生徒指導や担任・学年主任へ訴えたが改善されず、「抗議したことは子どもに伏せて欲しい」と要望したにもかかわらず、それ以外の教師に広がっており我が子に伝わってしまった。**（三重県・公立高校・保護者）**

●子どもがくせ毛のため、地毛証明書の提出を要求された。不満だが入学前の提出のため訴える先がなく、「本人も気にしており、コンプレックスである」と学校に伝えるのが精一杯。我が子は毎朝ドライヤーで髪を伸ばしており、コンプレックスを追い打ちするようなものでひどい。親である自分も罪悪感を覚えてしまい、傷ついている。**（兵庫県・公立高校・保護者）**

かつてパーマ禁止は、染髪禁止と同様、非行防止という意味合いが強くあった。しかし今は、非行に関わらず、ひとつのファッションとして社会に定着している。それでもなお、地域の目を気にしながら、「学校は勉強をするところなのだから」として、ファッションは厳しく規制される。

あくまで勉強をするところなのだから、むしろ格好など自由にすればいいのではないか、現に海外や日本の塾・習い事では私服で自由な格好をしているではないかといっても、なかなか校則は変わらない。そこには、公平原則やトラブル防止といった理由が持ち込まれているからである。

パーマについては、周囲以上に本人がそのことを気にする傾向がある。ストレートヘアというのを一つの規範としているからこそ、コンプレックスというものが過度に刺激される。教師や学校から、髪型について「注意」され、「改善」することを促されることで、それがさらに助長されていることがわかる。

3 細かな毛髪指導

茶髪やパーマの禁止といったブラックリスト方式ではなく、「こうした髪型にしなさい」というホワイトリスト方式をとっている学校も珍しくない。いずれにしても、その両方のアプローチによって、子どもたちのファッションの選択肢＝表現の自由が損なわれているのが実情だ。いくつかの声を紹介しよう。

● 髪型や眉毛に関する細かな校則があり、髪を切ったばかりの時に、くせ毛の自分に「まっすぐ伸ばせば『眉に前髪がかかる』という禁止事項に引っかかる」と注意された。禁止の理由を尋ねた

が、「校則も守れないやつは社会に出られない」と言った的外れな回答のみ。（静岡県・公立高校・当事者）

●担任教師の一存で禁止ルールを設けることが日常化している。「肩に髪がかかったら結ぶ」という校則に従って三つ編みにしていたにもかかわらず、「三つ編みはおしゃれ目的」といわれて三つ編みを禁止された。尋ねてもきちんと答えてくれないが、問い詰めると内申に響くのが恐ろしく、もやもやとストレスが溜まる。（東京都・公立中学校・保護者）

●2か月に1度服装検査があり、頭髪や服装をきびしくチェックされる。ある時は髪を短めにしていたのに、くせ毛の前髪を手で伸ばされ「眉毛にかかっているからアウト」と指導された。その夜に自分で前髪を切ったが、翌日の再検査で「自分ではなく床屋で切ってもらって領収書を見せろ」と要求された。不要な費用が掛かったうえに、何度も切ったことで髪型がおかしくなり、伸びるまで精神的につらかった。自分のように、目を付けられている生徒はきびしくチェックされていると感じる。検査に引っかかった生徒は校則を何度も書き写さなければならず、また再検査で改善しないと、登校も許されない。（埼玉県・公立高校・当事者）

●もみあげが少し伸びているだけで指導、眉毛剃り禁止、免許取得を禁止、指定カバンなしでの通学禁止、スマートフォンの放課後使用禁止、など指導が理不尽で厳格。違反が数回重なると、親の呼び出しや謹慎処分。指導に抵抗した先輩は、再登校指導の対象となった。短い期間で散髪しないと指導されるため、床屋代もかさむ。（愛知県・私立高校・当事者）

これまで、校則が何度か社会問題になった際、やはり注目されたのが髪型であった。『校則裁判』『ある闘いの記録』『丸刈り校則をぶっとばせ』『校則本』など、過去の問題提起では、特に「男子は丸刈り、女子はおかっぱ」というような校則を中心に、異議申し立てが行われてきた。しかし、裁判の判決でも、丸刈り強制は違法ではないとして退けられてもきた（第3章参照）。

髪型については、地域や学校によってばらつきがある。髪の毛は束ねなければいけないとするところもあれば、髪の毛を束ねることは禁じられているというところもある。また、最近では特に「眉剃り禁止」という規定があり、おしゃれとしてではなく身だしなみとして整えたいという生徒にとっても、一つのコンプレックスを生むきっかけとなっている。

「中学生らしい格好」「高校生らしい格好」の、この「らしさ」がなにゆえ規定されているのだろう。地域や教師、保護者などが抱く共同幻想だが、一つひとつの項目をみていると、それを守らなくてはならない合理性が説明できるものが少ないというのが実態だ。

4 服装規定

服装の規定は、生徒手帳に明文化されているものも多くあるが、教師の裁量やその都度の方針で、非常に細かな部分までチェックされるようになっている。

●女子は、髪型は前髪がまゆにかかってはいけない。肩に髪がついたら結ばなくてはいけないが、触角（※）、三つ編み、編み込みなどは禁止。髪ゴムとピンは飾りのついていない紺、黒、茶の物で、パッチンピンやリボンは禁止。スカートはひざ下。ストッキング、靴下は色指定で、アンクルタイプは禁止。男子はソフトモヒカン禁止。眉、襟、耳に髪がかからないようにする。第一ボタンまでしか開けてはならない。靴も、内履きも外履きも、スノートレッキングシューズも指定。わたしたちは軍隊にいるようだ、と親と話している。**（山形県・公立中学校・当事者）**

※「触角」とは、前髪の両サイドを長く伸ばし、小顔に見せる髪型のこと。

●靴下は白のみ。保護者の洗濯が大変。タイツは認められていないため、冬は女子生徒が寒い思いをしている。長靴は禁止。髪の毛は縛らなければならず、くくると地肌がひっぱられるのがとても痛い。マフラー・ネックウォーマーを着けてはいけないので、冬場に耳がしもやけになる。長靴も禁止、雨の日に濡れて、次の日も靴が乾かない。**（兵庫県・公立中学校・保護者）**

●男子は短髪以外認めない。黒髪以外は染め直し、あるいは親からの自毛申請書。前髪が少しでも眉毛にかかると指導。指導が重なると坊主。ピアス、染毛、ワックス他全ての整髪料禁止。眉毛いじり禁止。衣替えまではブレザーは絶対に着て来ないとダメ。社会に出てマナーや秩序を保つためと言っているが、会社に行く時、ワックスなどつけてはいけなくて、天パや色が明るいと自毛申請をして、携帯電話を最寄りの駅の線内から電源を切りカバンにしまい、暑くてもブレザーを絶対に着ていかなければいけない会社がどこにあるのか。**（東京都・私立高校・当事者）**

●靴下は長さと黒・ワンポイントまでという指定の校則があり、1度目は色がグレーだった、2度目は足首丈だった、3度目は校則の通りにしていたのに、ワンポイントのアメリカ国旗の色使いが派手、という理由で指導され反省文を書かされた。**（三重県・公立高校・保護者）**

●どんなに寒くても女子のタイツ着用禁止。またどんなに暑くても、女子は指定のハイソックス。タイツなどに関して「なんでダメなんですか？」と先生に聞いたら、「おしゃれの一環になる」とのこと。男子はバレにくいため、スラックスの中に重ね着をしているが、女子はストッキングですら禁止。生理痛や腹痛がひどい時には特に辛かった。**（千葉県・私立高校・当事者）**

●教室や廊下など、校舎全体で「上靴や靴下」を履くことを禁じられている。真冬でも裸足で過ごす事が決まっている。冬場は霜焼けになる生徒も少なくなく、年間を通して怪我も多発している。また、薄着で授業を受けるため集中力の欠如もみられる。対応を申し入れても、「開校以来の伝統」として応じてもらえなかった。**（福岡県・公立小学校・保護者）**

●理解できない校則が多く、特に酷いのがマフラー、ネックウォーマー、スヌードの禁止！ 遠方からの生徒は片道40分近く歩いて通学するのに、これらの禁止で冬の登下校は本当に辛い。生徒は禁止なのに先生たちはマフラーやネックウォーマー、耳当てをしていることも腹立たしい。保護者懇談会で話したが、「校則だから」のひとこと。校則と生徒の健康どちらが大事なのか。**（愛知県・公立中学校・保護者）**

●冬でも、女子はスカートの下にタイツを履いてはいけない。ジャージなどもダメ。靴下は長さが

15㎝以上のものでないとダメで、長すぎてもダメ。短すぎる場合は没収される。冬は足が寒くてほとんど感覚がなかった。2年時からはタイツがOKになったが、体育のときは脱がなくてはならず、持久走のときはジャージを着ていてはいけないのでとても寒く、お腹が痛くなったこともあった。**（福岡県・公立中学校・当事者）**

髪型規制の厳しさ同様、多く寄せられたのが服装の規制である。子どもたちは似たような格好をすることを求められ、服装やカバンなどが指定され、靴下などの色も統一するように求められている。スカートや靴下の長さも指定され、時には校門の前で、あるいは朝礼の際に、一人ひとりの長さを測られる。

その規則がもっとも不合理な形で現れるのが、防寒や暑さ対策の禁止だ。どんなに寒くても、指定服以外のものを着てはいけない。こうしたルールは、「規則のための規則」であり、合理性はない。冷えやしもやけ、熱中症などの健康被害を生むうえ、男女差別にもつながる。よく言われる「我慢することが教育につながる」というのは幻想で、空調の効いた部屋で授業に集中したほうが、効率がいいのは明白だ。

東北などでは、さすがに「防寒対策禁止」という項目についての声があまり寄せられなかった。そんなことをしたら死んでしまう。しかし他の地域でも、服装によって体感温度の調整をすることは重要な権利だし、むしろ健康管理の方法を教育することは必要なことであるようにも思う。
　こうした理不尽な校則については、現場で働く教師からの声も届いている。

●服装・頭髪の指導が非常に厳格で、全教員が一丸となって行うことを求められる。例えば頭髪の「耳、襟、眉毛にかからない」という決まりを、生徒一人ずつ二人体勢でチェック、違反者にはプリントが渡され、保護者の確認、期日までに校則通りに直すことを求める。翌日から教員のチェックを受け、期日までに是正されない生徒は、帰宅して直してから登校するように指導。赴任したばかりだが驚き、学年主任に違和感を表明したが、理解されていないよう。職員会議で訴えかけたいと考えているが、同じ考えの同僚がいるかわからず、苦しい戦いになりそうで気持ちが萎える。**（東京都・公立高校・教員）**

　学校でしか通用しない理不尽なルールや指導を、おかしいと思っている教師もいる。そうしたルールを守らせるために、ストレスを抱えるものの、職場であるために表だって声をあげることができない。一方で、こうしたおかしな校則を守らせるために、生徒一人ひとりをチェックしなくてはならない。そのために時間が割かれ、多忙感が増していることも伺える。「周囲の目」しか気にせず、誰も得にならないような校則は、改めて見直す必要がある。

5 セクハラ的指導

今回の調査で、もっとも多くの声が寄せられ、また多くの反響があったのが、「下着チェック」の増加だった。具体的な事例を聞くと、「なぜそんなことを？」と思うような人が少なくないはずだ。しかし同様のケースは、特定地域に偏っているというわけではなく、全国で見られるものだった。

●下着の色は白のみ。中学三年の時に、プールの授業があった日の放課後に男性教諭から呼び出され、「下着青だったんでしょ？　白にしなきゃダメだよ？　気をつけてね」と言われた。何処からその情報が流れて来たのかは知らないが、とても怖かった。**（愛知県・公立中学校・当事者）**

●スカートの長さが指定されている。身長が伸び、ややスカートの丈が短くなった友達のスカートを、男性教諭が思いっきり大勢がいるところでめくり、折っていないか確認した。厳しい先生で威圧感が凄いので何も言えなかった。**（群馬県・公立中学校・当事者）**

●私立のため、外部からの評判を気にして人権侵害的な指導を強いられている。スカート丈の短い女子生徒を呼び止め、女性教員がいきなりセーラー服の上着をまくりあげ、スカートをベルトでたくし上げていないか、点検する。その下は下着なので、キャミソール等を着用せずブラジャーだけの素肌であれば、「痴漢を誘う」とさらに注意される。ベルトをしていた場合没収し、保護者面談まで返さない。**（東京都・私立中学校・教師）**

●「汗をかくから」という理由で、地域全体で小・中の体育の授業では肌着着用が禁止。男女一緒で、倒立の練習など服がはだけるような運動もしている。低学年ならわかるが、高学年では第二次性徴期に入るというのに驚いた。子どもも嫌がって体育の授業を休みたがっていた。担任に訴えたが埒が明かず、学年主任の女性教師に相談したところ、替えの肌着を持参するなら可、となった。子どもたちが心も身体も変化をしている時期なのに、先生たちの配慮が足りないと感じた。**（愛知県・公立小学校・保護者）**

●制服の下に着る服の色を白のみと指定されていた。夏場に黒いシャツを中に着ていたら、脱ぐように強要され、下着一枚の上に制服を着ることになり、目立って恥ずかしくつらかった。なぜ黒ではいけないのか？　と尋ねても、「決まりだし黒だからいけない」と全く納得できない答え。そもそも校則には載っておらず、先生たちが後付けで決めたもの。とても不快で、卒業後の今でも納得できない。**（福岡県・公立中学校・当事者）**

●髪の毛や服装の規定が厳しく、下着の色も白のみ。毎朝生徒指導部長が正門に立ち、挨拶と校則違反の生徒を怒鳴り口調で怒って注意する。生徒会がアンケート活動や全校生徒での話し合いの場の設定、署名活動などの企画書を出したが、すべて却下。インナーシャツが白だと中のブラが見えてしまうため、黒いシャツの許可を要望しても却下。「痴漢をする側も悪いけど、誘ってるような服装をする方も悪い」ということを言われた。金銭面でも、何枚もブラを買い直すのは厳しい。夏場はワイシャツ一枚。下着が透け、男子生徒の目、男性の先生の目も気になる。黒シャツを許可するだけで解決する話なのに。**（大阪・私立高校・当事者）**

●髪の毛、化粧、持ち物についての規則が厳格で、違反が見つかると早退させられる。持ち物検査で男性教員にカードやレシートを含めた財布の中身、生理用品までチェックされる、など違反をあら探ししているとしか感じられない。地域の担当部署に連絡し、問題視した担当者から学校に確認を取ってもらったが、何も変わらない。**（大阪府・私立高校・保護者）**

●女子の下着の色が白と指定されており、修学旅行の荷物検査で一部分が白でない下着を持っていた生徒が没収され、そのまま2泊3日をノーブラで過ごさせたとのこと。学校からの報告等は一切なく、保護者会での質問で明らかになった。学校側は「シャツ・ベスト・ブレザーを着ており、外からはノーブラだとわからないので問題ない」とのこと。ただただ気持ちが悪く、その子の気持ちを思うとかわいそうで仕方がない。**（佐賀県・公立中学校・保護者）**

●女子の靴下をハイソックスと指定。違反生徒が多いと、体育館での学年集会の退場時に10人ほどの先生（男女）に脚をまじまじと見られる。中には屈んで見てくる先生も。大勢に脚を見られて、とても気持ち悪いし怖かった。自分自身は違反したことはないが、なぜハイソックスではないといけないのか、明確な理由も説明されずにダメだダメだと言われるのはとても理不尽。だが、怖くて抗議なんてできない。**（群馬県・私立高校・当事者）**

●「女子のお団子禁止」「下着の色は白のみ」という指導をされ、改善するまで教室に入れなかったり、行事に参加できなかったり、下着を脱がされる等する。生徒手帳の校則の記述には書かれていないルールなので、納得できず訴えると、「別室指導にするぞ」と脅迫まがいの返答。親も何度も直談判したが、「それが決まり。守れないなら進路変更を考えるべき」とまともに答えない。**(奈良県・公立高校・当事者)**

下着の色を指定しているだけでなく、それが厳格に守られているかどうかがチェックされ、場合によっては強制的に脱がされる。それも公衆の面前で、あるいは異性の教師から。こうした訴えは、特に女性生徒の側から、強い憤りとともに寄せられた。

仮に会社で、上司が服務規程を守っているかどうかといったような理由で、人前でスカートをめくりあげたらどうなるか。大きな問題となるはずだ。ところが学校では、それが許されるかのような空気が出来上がっている。校則は絶対であり、子どもは人権をもつ対等な市民として認められていないかのようだ。

社会に出るためには、身を守る手段を身につけることが必要だ。理不尽なものに、自分に暴力をあびせるものに対して、ノーと感じられることを教育することも大事なのだ。しかし学校では、「社会には理不尽なことがたくさんあるのだから、理不尽さに耐える訓練をしよう」として、無意味に厳しいルールを敷いている。セクハラ的指導もその一環となっているが、これでは社会からセクハラを減らす流れに逆行している。

6 差別を生む校則

校則が、男女で差があるために、男女差別を生むものであることはすでに指摘した。他方、他の様々なマイノリティにとっても、校則による差別が生じている。

●公立高校と併設されている高等養護学校に通っていた。高校では、女子ならよくあるブレザーのボタンが開いてたり、体操服を着る時に派手なくるぶしを履いても何も言われないが、高養ではそれが禁止。高養の方は部活の退部は許されず、手足が器用に動かせない人が中にはいたが、その部分を使えと毎回指導をされる。障害者差別を受けているんじゃないかと感じるようになった。卒業して数年経つが、今でも夢に出てくる。**（滋賀県・特別支援学校・当事者）**

●特別支援学校在学。併設の公立校と合同で、体育祭を近くの競技施設で行った。前日に制服で来るように言われ、体操服で行くと理由も分からず注意される。他方で公立校は体操服で来てよく、複雑な気持ちになり、帰りに泣いた事もあった。障害者差別だと感じる。親がクレームを入れてくれたが、何も変わらなかった。**（滋賀県・特別支援学校・当事者）**

●「再登校不可」というルールがある。一度帰った場合、再登校は認めないというもの。校長は、

「明文化したものではないが、教職員で共通理解をしている」と述べている。事前に生徒、保護者に告げられたことはない。子どもは自閉症のため、教室や学校から出て行くことがある。再登校できないと知ってからは、毎日わずかな時間しか登校できていない。再登校が認められた場合であっても、別室に入れられ、「誰にも会ってはいけない」と指導される。発達障害支援センターの方と共に話をした際には「そうしたルールはない」と言われたが、後日、「ルールはある」と覆された。今では子どもは不登校になっている。**（兵庫県・公立中学校・保護者）**

●運動会で男女別の集団競技があり、男子は半裸で体操をする「エッサッサ」という競技だった。練習も北国のまだ寒い5月に半袖半ズボンでつらかった。また練習では10秒間で２００人以上が散らばっている状態から集合という指示をうけ、できなかったペナルティで腕立てをやらされた。ＬＧＢＴ当事者である自分としては、このように男女を分けて行動・指導させることが不快。一緒に行動したいと思ったし、差別禁止を教える立場の教師がこのような差別を行ったことが腹立たしい。**（青森県・公立中学校・当事者）**

知的障害、身体障害、発達障害、精神疾患、セクシュアルマイノリティ、あるいは宗教や出身国など、様々な属性によって社会的な排除を受けやすい当事者というのは存在する。学校は民主主義を学ぶ重要な場所であるはずだが、校則が排除の原理として機能する場面が少なくない。多くの当事者にさまざまなストレスを与える温床となっている。

校則は、「中学生らしさ」「高校生らしさ」という、一つの規範性に向けて、子どもたちの個性を収斂させるもの。そして、その規範から逸脱したものに対しては、しかるべきペナルティが待っていると教えてしまう。セクシュアルマイノリティなどに対し、むしろ積極的にターゲットとして名指しすることになってしまう校則もあるのだ。

7 部則

校則だけではなく、部活動独自で行なっている「部則」というものも存在する。また、部活をめぐるもの、あるいは学校全体を巻き込んでの活動など、多くの子どもが理不尽だと考えている指導もある。

●運動部だったが、一科目でも赤点を取れば、丸坊主にすると言われた。バリカンで丸坊主にされ、部員全員の前で叱咤されたことがショックで不登校に。学校から呼び出された際、担任教員、学年主任立ち会いのもと、教頭から「出席日数が足らない、進級は出来ない」と通告を受けた。不登校に関するケアをお願いしたが、対応策はなし。**（愛知県・公立高校・保護者）**

●多くの部活（特に運動部）で、運動会の日の昼休みに男女でフォークダンスを踊ることを強制される。結果昼食を食べる時間がなくなり、昼食抜きで午後の競技に参加せざるを得ない人が多く出た。断ろうにも、参加しないと丸刈りにさせられるなどの罰が決められている。学校もこのことを把握しているようだが黙認。よく報道される「宴会芸の強要」のようで不快。**（熊本県、公立高校・当事者）**

●部活で県大会に進むと、校則で定められた下校時間を破ってまで長時間練習させている。遅い時間は人通りが少なく、暗くて危ないので、保護者が毎日のように送迎。校長に訴えたが、「下校時刻は校則であって校則ではないようなもの。どこの中学もやっている」と、今でも続けている。文科省や人権窓口に相談したが、最後には皆「そんな部活は辞めるのも手」と。非のないこちらが辞めないといけないのは納得できない。**（福岡県・公立中学校・保護者）**

●1年生が全員、部活動に関係なく剣道や柔道などの寒稽古を朝早くから強制された。けがをするだけなのに、なぜそんなことをするのか疑問。早朝から参加するため寝不足になり、一時期不眠になっていた。**（富山県・公立高校・当事者）**

教師や顧問がルールを設定している場合もあれば、部員同士の悪しき伝統になっているようなケースもある。後者については、大人たちが注意をすべきなのだが、黙認状態になっていることが多い。拙著『いじめを生む教室』（PHP新書、2018）で詳述しているように、部活でストレスを感じている児童生徒や、部活内でのいじめというのは、思ったより多いものだ。そうした状況を、「部則」などの存在が加速させていることにも、注意が払われる必要があるだろう。

8 健康被害・経済的打撃

校則は、ただ個人の自由を侵害するだけではない。具体的に、健康被害や経済的損失を強いるものもある。

●日焼け止めを家で塗ってくることのみ許可されており、学校で使うのは禁止。事情がある場合には担任に伝えてトイレで塗らなければならないが、事情があったとしても言えない人が複数いた。日焼け止めが汗で流れたり取れたりしてしまうこともあり、運動会や屋外の体育授業の時には我慢をして皮膚が赤くなった。また、耳を火傷してしばらくガーゼをしていた人も。担任に日誌で訴えたが、「職員会議に出してみる」と書かれた以降、学校の動きなし。今は科学的にも日焼けの悪さも証明されているはず。**（青森県・公立中学校・当事者）**

●「恋愛禁止」「黒髪以外不可」「寄宿舎からの外出禁止」「スマートフォンおよび電子機器の所持をほぼ禁止、家族との連絡も非常に制限」「午前5：50起床」「夜間学習の参席を義務」など、全般に理不尽で厳しい。ストレス性不安症状が発生し、10キロやせた。若白髪でも黒く染めるように指導されたり、寄宿学校なのに外出不可だったりするなど、牢獄のような環境。反発しようにも、行動を起こそうとしたら制裁を加えられるように思った。人権のない、人間とは思えない生活だった。**（茨城県・私立中学校・当事者）**

●成績にシビアで、テスト結果の上位50人の名前が張り出される。授業でも問題が解けないとずっと怒られ続けたり立たされたりしたため、いつも緊張して冷や汗をかいていた。授業外の課題や普段の小テストも信じがたいほど多く、徹夜でやっている生徒も。特に長期間の休みは課題の量が多く、毎日泣いていた記憶しかない。さらに、進学特別クラスに参加することを半ば強制された。特別クラスでは携帯電話を没収、マスク着用が義務付けられ、昼休みは仮眠をとらされていた。3年間とてもつらく、全身に蕁麻疹が生じたり、過食に走ったりした。違う学校の友人や両親にも共感してもらえず、つらかった。**（茨城県・公立高校・当事者）**

●片道30分以上でも通学は徒歩のみ。片方の肩にかけるカバンで、10キロほどの重さの荷物を抱えて登校している。脊柱側弯症検診で引っかかる子が多いが、これが原因なのではないのか。改善を要求したが、「変えるつもりはない」と頑なに拒否される。子どもたちが生徒会総会で取り上げようとしたが、教員が校則を議題に上げることを却下する。**（兵庫県・公立中学校・保護者）**

●体育館で教師の話を聞くときに、子どもたちが床に正座させられる。教室でもスペースをつくって全員正座させられることも。叱られているわけではなく、話を聞く姿勢としての長時間の正座であり苦痛。県の教育委員会に問い合わせたが、「短時間なので体罰ではなく問題ない、伝統教育という側面もある」と相手にされなかった。**（佐賀県・公立小学校・保護者）**

●学校指定の革靴を履くことになっているが、自分は足が大きく、締め付けられるような痛さでとても歩けない。教師に訴えても「我慢しろ」と言われるだけ。この指定靴を履くのが嫌でどうにかしてほしい。靴のせいで足の健康被害を受けると聞いたこともあり、このままだと自分もそうなるのではないか、と心配している。**（福岡県・私立高校・当事者）**

●休み時間の私語禁止、帰宅後友人と連絡を取ることや遊ぶことも禁止、無言での自問清掃などの軍隊のようなルールが多い（いじめ対策とのこと）。実際に休み時間や廊下でしゃべっていると怒られ、普段からも先生が怒鳴ってくる。これまで保育園、幼稚園、小学校と登校を渋ったことのないわが子が、入学して数日で泣きながら「学校に行きたくない」と言っている。**（栃木県・公立中学校・保護者）**

●高校では通学カバンが各自購入だったが、形と色（黒・紺・茶・白）の指定があった。別の色のリュックを買ってしまったため、「このまま使いたい」と教師に伝えたが、「校則は校則、絶対ダメ」と言われた。反論はしたが、聞く耳を持ってくれず、買い直す羽目になった。裕福ではない我が家にとって痛い出費となった。**（茨城県・公立高校・当事者）**

学校を安全な空間に保つためのルールであれば必要だろう。「校則はすべて撤廃すべきだ」とまでは言わない。しかし、そうした校則の存在によって、健康被害や経済的打撃、そして不登校などを生んでいる実情はもっと知られる必要がある。

具体的な体罰と認定される事例もまだまだある。また、精神的な虐待と呼ぶべき事例もある。私は、羞恥刑や名誉毀損、ハラスメントやヘイトスピーチなどによってストレスを与える行為は、「脳への暴力」だと言っている。具体的に叩かなければ「体罰」にならないのか。そうではない。不当に教育を受ける権利を侵害し、精神的なストレスを与える行為全般を、しっかりと禁じる必要がある。

9 校則の変更提案を止められた

こうした問題校則の数々について、異議申し立てを行ったり、変更を求めたりする動きもある。実際、そうして変わった校則もあるが、告発がつぶされるというケースも珍しくない。

●靴下は「白・無地・極端に長くも短くもない」という校則に沿ったものを選んだのに、一定の長さや生地の編み目がないため違反といわれる。理由を尋ねたが、回答に1ヶ月かかった上「先生によって検査の判断に相違があり具体的基準を設けた。生徒や保護者に基準の通達は不要と考え、生徒手帳等に記載していない」との返答。守るべきルールなら校則に明記すべきと伝えたが、「今後検討する」との返答のみ。また、中学生にふさわしい服装が何かディスカッションをしてはどうかと提案したが、「中学生は子どもなので話し合いにはならない」との回答。**(福岡**

県・公立中学校・保護者）

●秋や冬、寒い時期でも登下校時にパーカー着用禁止。逆にとても暑い時もブレザーを脱ぐことが禁止。違反して教師に保護者ごと呼び出される生徒もいれば、暑さのために熱中症に近い症状で倒れる生徒もいた。自分で生徒会長になって校則を変えようとしたが、立候補を受け入れてくれなかった。**（北海道・公立高校・当事者）**

●学校にお菓子を持ってきていた人がいたことがわかり、アンケートが行われた。その中の「この状況をどう思うか」という設問に、「なぜお菓子を持ってきてはいけないのか。ゴミが出る、授業の妨げになるのはわかるが、『中学生らしくない行動』と言われる理由がわからない」と書いて提出。学年集会で叱られた際、「お菓子を持ってきてはいけないという校則に疑問を持つ人は、自己中心的で社会に出たらやっていけない。ダメなものはダメ」と呼びかけられた。絶対に自分のことを言っていると感じ、ショックで手足が震えた。**（山形県・公立中学校・当事者）**

学校側が、個別の校則の合理性を説明できない。当事者や保護者からの抗議を無視する。全校集会などでの校則改正手続きを妨害する。こうした声は以前から聞かれたものだ。しかし、校則については国も、生徒の自尊心を傷つけてはならず、当事者たちの合意で見直しなどが進められていく必要性を強調している。

数々の校則は、学校ストレスの原因にもなっている。そして、校則によって抑圧された人たちは、その後の人生でもさまざまな「学校後遺症」を味わっていく。自尊心が削られたり、不合理なルールに過剰適応してしまった結果、生きづらくなることもある。

校則は、安全な教育空間を守るためにあるものだろう。それが子どもたちにとって暴力として機能するのであれば、直ちに改められる必要がある。合理性の説明できない校則は不要であるし、仮に一定の合理性があっても、個人を抑圧する校則は改められるべきである。

プロジェクトに寄せられた声は、どこにもぶつけることのできない憤りや徒労感を、ようやく渡すことができたというようなものばかり。そして事例を投稿してくれた人の多くが、なんとか世の中が変わってほしい、理不尽な思いは自分たちの世代で終わりにしてほしいというメッセージを添えていた。

校則は明日からでも変えられる。理不尽を放置するのか、それともなくすのか。私たちの選択にかかっている。

第2部

子どもたちの理不尽な苦しみ

ブラック校則の問題の中核にあるのが、生徒が悩み、苦しむ状況に置かれているという点である。多くのケースでは、その校則や指導に合理的な理由や根拠が見られない。子どもの安全面よりも指導そのものが重視され、保護者への経済的な負担を顧みることがないといった場合もある。また同時に、校則が想定する生徒像や人間観がしばしば画一的であるがゆえに、その像に含まれない生徒は苦しむことになる。

第2部では、こういったブラック校則をはじめ学校が持つ「理不尽さ」に焦点をあて、苦しみへの複数の観点から、その問題点を示す。

3

子どもの安全と健康が脅かされる
——校則がもつ二面性から考える

内田　良

1 校則の二面性

(1) すべての教育活動に意義がある

学校の管理下で子どもに対して意図的に提供される各種活動は、基本的にすべてが「教育」である。授業はもちろんのこと、遠足も、学校祭も、そして給食を残さず最後まで食べきることも、炎天下のグラウンドで野球をすることも、トイレの便器を手袋なしで磨くことも、立派な教育活動である。

「教育」とは、「望ましい知識・技能・規範などの学習を促進する意図的な働きかけの諸活動」(『広辞苑』(第六版))である。望ましい知識・技能・規範を提供するという設計なのだから、学校や教師が計画する各種活動に、無意味なことは一つもない。

校則を設けたりそれを運用したりすることもまた、その意味で、何らかの望ましさを具現化することが期待されている。地毛証明書の提出も、下着の色のチェックも、それをやっている学校や教師の目線からすれば、それがきっと子どもたちにとってよいことなのだと信じられている。だからこそほとんどすべての学校に校則があり、今日に至るまでそれが維持されているのである。

すべての教育活動に、それなりの意義がある。したがって、教育活動に付随する問題を論じようとするとき、その活動の意義を熱心に説くことはそもそもあまり意味がない。

学校でそれがおこなわれている限り、何らかの意義があるのは当然のこと。「意義があるのは、わかった。でも、いまはそれが引き起こす問題のほうを直視しましょう」——これが、校則について語るときの重要な姿勢である。

(2) リスクとベネフィット

教育活動に付随する諸問題を、私は「学校リスク」と総称している。子どもが教室で授業を受けることから、手袋なしで便器を掃除することまで、そこにどのようなリスクがあるのか。教育的意義の語りをいったん止めて、その活動のリスクを洗い出すのである。

リスク研究の分野では、「リスク」を検証する際にはその対になる言葉として「ベネフィット」(便益)が措定されている。

たとえば、暴風雨のなかでコンビニに行こうとすれば、欲しいものが手に入るかもしれないが、途中で転倒したり身体がびしょ濡れになったりする危険性がある。手に入れたいというベネフィットを重視する(＝コンビニに行く)か、びしょ濡れになってしまうというリスクを重視する(＝コンビニには行かない)か。

私たちはつねに、リスクとベネフィットを天秤にかけながら生活を送っている。このリスクとベネフィットの両面をつねに考慮することが、リスク研究の基本的な着眼点である。

本章においてもまずもって、校則にはリスクとベネフィットの両面があることを前提としたい。その前提をふまえたうえで、リスクの側面を重点的に論じていきたい。

学校では、リスクとベネフィットがそのまま天秤にかけられることはない。先の例で言えば、暴風雨のなかコンビニに行くか、行かないかが素朴に比較検討されることはない。

学校は、コンビニに行って商品を手に入れるというベネフィットを、優先する。先述のとおり、学校は教育をおこなう場であり、そして教育という名の営みは、ベネフィットそのものだからである（図1）。

ベネフィットが優先される状況下では、リスクが軽視されやすくなる。だからこそ、**ベネフィットではなく、あえてリスクの側面を強調することに意味がある。**

以下、本章ではとりわけリスクのなかでも身体に対するダメージに注目しながら、校則の

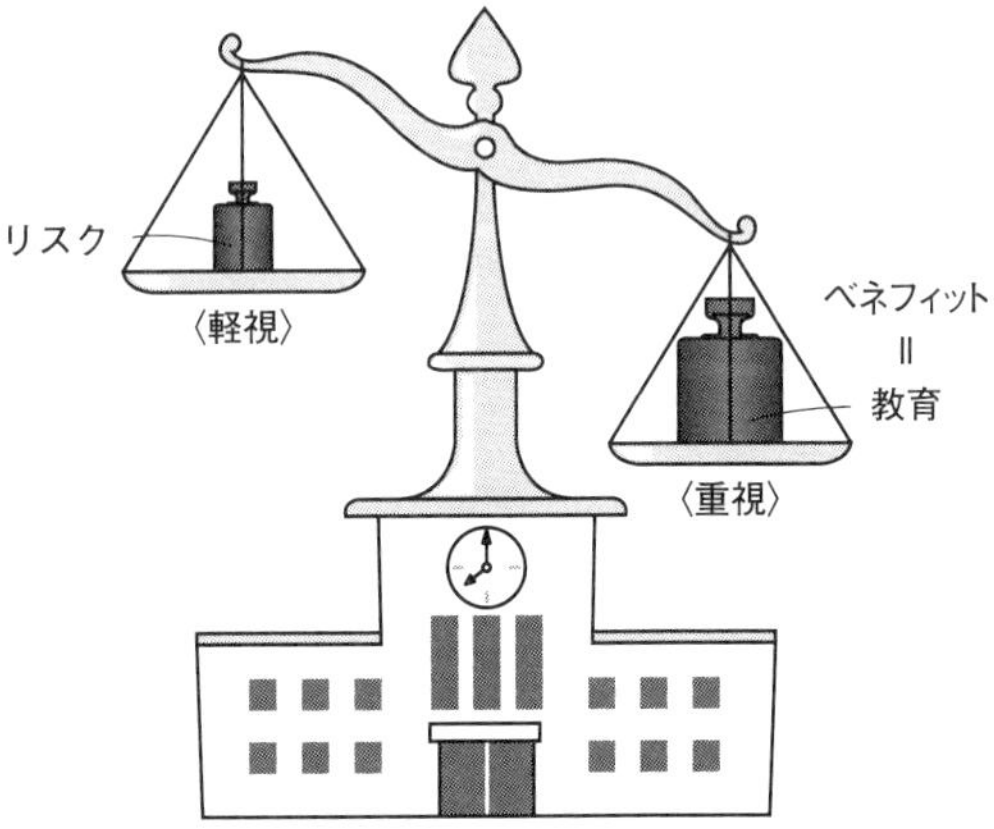

図1　学校教育におけるリスクとベネフィットの比重

問題点を論じていきたい。身体のダメージとはつまり、生徒にとっての直接的な損害であり、かつ健康さらには生命に関わる事態であるだけに、見過ごしてはならない課題である。

2 校則を守ることがリスクを増大させる

(1) 安心して生活を送るために

まずもって、校則を含めてルールというものは、社会の構成員が安心して生活を送るためにこそ設けられている。

交通ルールを例にとってみよう。交通ルールがなくなれば、たちまち事故が相次ぐ。信号機があって、赤のときに自動車が止まるから、歩行者は安心して横断歩道を渡ることができる。自動車の運転手はルールを破ることもできるが、見つかり次第、ルールが定めた刑罰を受けることになる。こうして交通ルールは、公道上の行き交いを安全な状態に保っている。

校則も同じだ。ともすればその理不尽な内容に注目が集まるが、校則は子どもの学校生活を健康で安全なものにしてくれる。

たとえば自転車通学の場合、生徒はヘルメットを着用せねばならないという校則がある。あるいは小学校でも徒歩通学において（とくに低学年の）児童にヘルメットを着用させている学校がある。お笑い芸人のはなわ氏がつくった「佐賀県」という歌は「今日も登下校をする子どもたちは、歩きなのにヘルメット。車なんてめったに通らないのに、蛍光テープをつけたヘルメット」という詞で始まる。

自動車にぶつかるようなケースでは、被害者は自動車本体から衝撃を受けるだけでなく、道路に倒れたときに頭部を強打する。ヘルメットは、歩いていようが自転車に乗っていようが、被害者が交通事故に遭ったときに頭部への衝撃を最小限にとどめてくれる。

かつて文部省（当時）は、「児童の権利に関する条約」を日本が批准した1994年に、「『児童の権利に関する条約』について（通知）」と題する文部事務次官通知を出した。そこで校則は、次のように規定されている。すなわち、「校則は、児童生徒等が健全な学校生活を営みよりよく成長発達していくための一定のきまりであり、これは学校の責任と判断において決定されるべきものであること」（傍点は筆者）と。

ルールというものは、理念上は人を幸福にするために設けられるのであって、不幸にするためではない。校則は、子どもを守ってくれる。これが、ベネフィットだ。

(2) 地毛証明書の教育的意義

圧倒的に理不尽に思える校則でさえ、それなりの正当性（取り締まる側にとっての正当性）がある。男子生徒への丸刈り強制でさえ、判例において次のような教育上の効果が確認されている。

本件校則は、生徒の生活指導の一つとして、生徒の非行化を防止すること、中学生らしさを保たせ周囲の人々との人間関係を円滑にすること、質実剛健の気風を養うこと、清潔さを保たせること、スポーツをする上での便宜をはかること等の目的の他、髪の手入れに時間をかけ遅刻する、授業中に櫛を使い授業に集中しなくなる、帽子をかぶらなくなる、自転車通学に必要なヘルメットを着用しなくなる、あるいは、整髪料等の使用によつて教室内に異臭が漂うようになるといつた弊害を除却することを目的として制定されたものであることが認められ　（略）　被告校長は、本件校則を教育目的で制定したものと認めうる。

（1985年11月13日、熊本地裁判決（『判例時報』1174号、48頁））

そして、「本件校則はその教育上の効果については多分に疑問の余地があるというべきであるが、著しく不合理であることが明らかであると断ずることはできないから、被告校長が本件校則を制定・公布したこと自体違法とは言えない」というかたちで、適法とされた。

「多分に疑問の余地がある」とは言え、生徒の非行を防止したり、授業への集中力を高めたりと、丸刈り強制にはそれなりの教育的意義がある。これを著しく不合理だと言うことはできない、と判断されたのである。

丸刈り強制という頭髪指導に教育的意義が認められたのと同じように、あの悪名高き「地毛証明書」にも教育的意義が想定されている。

朝日新聞の調べによると、都立高校の6割で地毛証明書が利用されていた（『朝日新聞』朝刊、東京版、2017年5月1日付）。東京都教育委員会の主任指導主事の回答によると、「一人の生徒の違反行為を見逃すと、それが全体に波及して学校全体の規範意識が低下することもありうる」ために、「頭髪指導を徹底する」という趣旨のもと、地毛証明書が活用されている。

それはむしろ、もともと髪の色が茶色い生徒にとっては「生来の頭髪で高校生らしい学校生活を送ることができるようにするため」のものであり、「間違った指導をしないために行われている」（『朝日新聞』朝刊、東京版、2017年5月15日付）。地毛証明書は学校全体の規範意識の維持のためであり、さらには当該生徒個人が生まれもった頭髪で高校生らしく過ごすためのものであるという。

(3) 遅刻取り締まりによる校門圧死事件

地毛証明書でさえ、そこには教育的意義が込められ、ベネフィットが強調されていた。そして、だからこそ学校教育において、校則はその負の側面、すなわちリスクが見えにくくなってしまう。

1980年代、校則は管理主義教育を象徴するものとして、その過剰で細かい規定事項が厳しい批判の対象とされた。そして、1990年の夏に神戸市内の高校で起きた女子生徒の校門圧死事件は、子どもを徹底して管理することの是非を、世に問うこととなった。

1990年7月のこと、登校時の遅刻取り締まりのために、校門付近で教師3名が指導をおこなっていた。「〇秒前!」とハンドマイクでカウントダウンしながら、午前8時30分のチャイムとともに、一人の教師が鉄製の門扉をスライドさせて閉めようとした。そこに、女子生徒一人が駆け込んでいった。教師は気づかずに門扉を押していったため、女子生徒は頭部を挟まれ、死亡する結果となった。

この校門圧死事件は、学校のルールの厳格な運用が命取りになりうることを、不幸にも実際の事例によって示すこととなった。遅刻の取り締まりはもともと、各学級において一限目の学習が滞りなく開始されるためにこそ、おこなわれるものであったはずだ。先述した文部省の通知文の言葉を再度借りるならば、「児童生徒等が健全な学校生活を営みよりよく成長発達していくため」の取り締まりであったといえる。

ところが現実には、そのルールはまるで逆の結果を生み出した。生徒の安全を侵害し、それどころか命までを奪ってしまった。構成員の安全や安心を保障するためのルールが、構成員を死へと追いやってしまったのである。

この事件は極端な例だとしても、校則やルールの徹底は、ときに子どもの安全で安心な生活を脅かすことにもなる。教育的意義というベネフィットがあるとして、それはリスクと比較された場合においても、十分に正当化しうるものなのだろうか。

3 「禁止」から「推奨」へ：日焼け止めクリームの使用について考える

(1) 学校での使用を禁止

校則はときに子どもの安全や健康を侵害する。その具体的な事例として、日焼け止めクリームの使用禁止について考えたい。

日焼け止めクリームは、紫外線をブロックすることによって皮膚を守る効能をもつ。とりわけ真夏にもなると、必携のアイテムと言ってよい。

ところが、とある教師が、「部活動で、日焼け止めクリームが禁止されている。家からつけてくるのだけは認められているけど、学校で使うことは許されていない」と嘆いていた。屋外の部活動の顧問であるため、その教師自身が日焼け止めを必要としている。だが、「生徒に使用を禁じている手前、自分も使うわけにはいかない。生徒も自分も暑いなかで、肌を真っ赤にしてしまう」と、かなり困惑している様子であった。

表に、ここ数年の範囲内で日焼け止めクリームを禁止している学校の事例をあげた（表1）。

これらの事例の類似性は高い。第一に、学校での使用を禁じている（自宅であらかじめ塗るのは認める）。そして第二に、健康上の理由がある場合のみ、使用を許可するとしている。

(2) 使用禁止による健康被害

従来、日焼けは健康の象徴のように捉えられていた。だが学校においても、いまは養護教諭（保健室の先生）をはじめ多くの教師の間で、紫外線がもたらす健康リスクへの関心が高まっている。実際

表1　日焼け止めクリームの使用禁止例

●A中学校 通信

日焼け止めや制汗剤は、原則として家で塗るのみとし、学校での使用は認めません。健康上の事情により学校での使用が必要と認められる場合には、担任または部活動顧問に「使用理由書」を提出してください。

●B中学校 学年通信

学校生活に必要のないものは、持参しない。

例）リップクリーム、制汗剤、日焼け止めは原則禁止とする。薬用で健康上必要な場合には、担任の許可を得る。

●C中学校 学年通信

▽体育大会の練習について

制汗剤、汗ふき用シート、日焼け止めなどを学校に持ち込むのは禁止です。皮膚の病気などの理由で日焼け止めの使用を医師が勧めている場合には、担任に申し出てください。

※学校の匿名性を確保するために、文意を損ねないかたちで文章を大幅に編集した。

に、日焼け止めの使用は多くの学校において、一定のマナー（例：無香料・無着色、使用場所の限定など）のもとで、使用が認められている。

他方でいくつかの学校が、日焼け止めの持ち込みに抵抗を示すのも理解できる。その理由の一つは、上に述べたとおり、（子どもの）日焼け＝健康的という考えがいまだに支持されうるからである。

そしてもう一つの理由こそが、使用禁止にすることの教育的効果である。すなわち、学校にオシャレや美容に関連するものを持ち込ませないことこそが、生徒の教育にとって重要なのだという見解である。

頭髪指導がそうであったように、髪の長さや色を自由にしてしまえば、それは非行を助長し、また学校全体の規範意識を低下させてしまうと、学校側は考える。だから、髪の毛のスタイルを限定し、日焼け止めクリームだけでなく、リップクリームも制汗剤も禁止にする。だがその結果、健康被害が引き起こされるのである。

全国的にみれば、学校側の対応としては多くの場合、日焼け止めの使用を「認める」という姿勢であるように思われる。だが、「認める」という発想から、私たちはさらに一歩進むべきである。

すなわち、やむなく認めるという姿勢ではなく、積極的に推奨するという姿勢である。実際に学校や教員によっては、そこまで踏み込んで使用を推奨している場合もあると聞く。健康上の特別な理由がある場合のみ許可するという態度は、もはや時代遅れであると言えよう。

日本臨床皮膚科医会は学会の統一見解として、「学校生活における紫外線対策に関する具体的指針」（2011年10月）において、「サンスクリーン剤を上手に使う」ことを提言し、「たっぷりと均一に」「2、3時間ごとに重ね塗りする」ことを勧めている。

真夏の部活動ともなれば、汗の量も多いだけに、自宅で1回塗るだけではまったく不十分である。また、自宅で塗るだけにすると、長時間効果のあるもの（「SPF」の値が大きいもの）を選ぶことになり、それは肌への負荷を大きくしてしまうことにもなる。

WHO（世界保健機関）は2003年の時点で、「日焼け防止と学校：いかに効果を生み出すか」という冊子を作成している（図2）。そこで強調されているのは、子ども時代に紫外線を浴びることが後の人生に大きな負の影響をもたらすということである。

同冊子は、炎天下での部活動は、肌をやけどするだけでなく、長い人生においても健康リスクを高めてしまうと指摘する。そして、それゆえ学校においては教育の一環として、日焼け止めクリームの重要性を積極的に教えていくべきと主張する。

日焼け止めクリームというアイテムの使用禁止によって健康被害をもたらすどころか、むしろ使用推

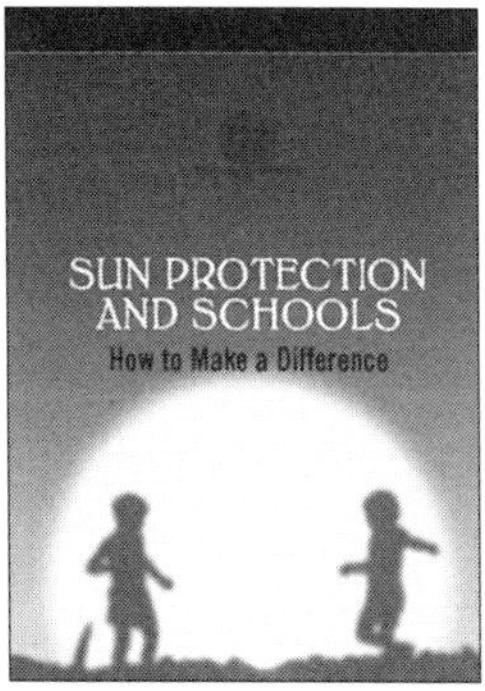

図2　WHO「日焼け防止と学校」(2003)

奨によって健康被害を抑制しようというのである。このように、日焼け止めクリームの使用を「禁止する」「許可する」という段階から、その積極的な使用を「推奨する」方向への転換が求められる。

(3) 一部のことではなく

そもそも子どもを守るために設けられたはずの校則が、子どもの安全や健康を侵害してしまっている。これでは、本末転倒である。

2017年12月に発足した「ブラック校則をなくそう！ プロジェクト」においては、メディアパートナーであるBuzzFeed Japanが公開した動画で、現役の女子高生が、「授業の途中にトイレに行くときは、男子は1分程度で、女子は3分程度で戻ってこないと、授業を欠席扱いにされてしまって、すごくお腹が痛いときでも、早く戻ってこいという指示が出ます」と訴えていた。

冬季にコートの着用を禁ずるという学校もいくつかある。また着用が認められる場合でも、保護者からの正当な理由の提示がない限りは許可されないというケースもある。

トイレの時間制限であれ、コートの着用禁止であれ、きっとそれなりの教育的意義が想定されているのだろう。だが重要なのは、身体の健康を損なうほどにまで、校則が生徒に介入してきているという点である。

そんな学校やクラスは、全国的にはほんの一握りであろう。また、日焼け止めクリームの使用を禁止している学校も、少数派であろう。そして、校門で門扉に挟まれて生徒が死亡するようなケースは、神戸市の事件以外に私は知らない。

このようなとき、「そんな事例は一部にすぎない」という反論が聞こえてくる。とりわけ、校則指導に日頃から取り組んでいる教師にしてみれば、一部を誇張した話は耳障りに感じるかもしれない。

だが、**「一部にすぎない」という見解は、「だからそれにはフタをしましょう」という主張と同義である**。仮にほんの一部の子どもや教師にしか当てはまらないことであるとしても、そこにいる当事者にとってはそれが大問題であり、いますぐにでも改善されるべき状況である。フタをしてはならない。

校則は何のためにあったのか。校則に付随する身体的なリスクにみんなで向き合うところから、ブラック校則の改善が始まっていく。

4

司法から見る校則

真下麻里子

1 弁護士から見る教育現場

(1) 個人の尊厳を守る「法」

「ブラック校則をなくそう」というムーブメントが起きている。ブラック校則とは、近代的な市民社会では許容されない、子どもの健康や尊厳を損なうような理不尽な学校のルールをいう。時に法や規則は、ペナルティや「してはならないこと」ばかりに光が当たり、あたかも誰かを抑圧したり、排除したりするツールかのように誤解される。ブラック校則問題は、その顕著な例といえるだろう。

しかし、法や規則は、様々な背景を有する人々が存在する社会において、その多様性を尊重するため、個人の尊厳を守るために存在する。つまり、相手を思いやり、敬意を払いながら、みんなが自由に生きていくために存在するのだ。ペナルティ等は、あくまでそのための一手段、それも最終手段にすぎない。この点に対する誤解を解かない限り、「決まりは決まり」といって相手を封じるようなことは無くならないだろう。

他方で、法や規則に対する理解を深めていくだけでも、世の中をもっと「優しく」していくことは可能ではないかと思う。相手を尊重することが法や規則の制定・改正の本質だからだ。このムーブメントには、その可能性を感じる。

(2) がんじがらめの教室

ＮＰＯ法人ストップいじめ！ナビの弁護士として、これまで各都道府県の様々な学校でいじめに関する授業や講演を行ってきた。その中で私が断り方に最も頭を悩ませる要望が、「いじめをしたら、損害賠償請求されたり刑事罰が科されたりすることを強調して欲しい」というものだ。ペナルティを示して生徒たちをけん制して欲しいということだろう。

授業を開始した当初、私は、こうした要望は、弁護士という職業に対する誤解から生まれるものだと思っていた。弁護士といえば、「トラブルになった時に出てくる人」、「損害賠償や刑事罰が科されるような場面でしか登場しない人」といったイメージがある。だから、弁護士にいじめを語らせるなら、そうした話題以外にないという思い込みがあるのだろうと思っていた。

しかしながら、たくさんの学校を訪れるうち、そのような要望は、必ずしもそうした誤解のみからくるものではないかもしれないと思い始めた。チャイムが鳴っているのに席についていないと黒板を何度も叩く先生、スカートの下にジャージを履いてはいけないと遠くから叫ぶ先生、私語は慎めとマイクで怒鳴る先生、全生徒の頭髪が黒いことを誇らしげに語る先生、生徒のヘアゴムの色が黄色いのを見つけ、注意しなければと慌てて向かう先生など、たくさんの先生方にお会いした。どの方々もとても生徒思いで熱心だった。

学校が過度に細かいルールを設けたり、損害賠償責任や刑事罰等、法の抑圧的な側面に着目しがちになったりする理由は様々あると思うが、ここでは敢えて二つの視点を提示したい。

(3) 二つの視点

一つは、冒頭でも触れた法や規則に対する認識の問題だ。教育現場で「〜すべき」、「〜しなければならない」といった「形式」ばかりが目立つのは、規則の本質に対する誤解がこの社会にあるからのように思う。先生方や保護者をはじめとする大人たちが法や規則を「上から押し付けられるもの」、「自分たちを制約するだけのもの」と捉えているように感じる。

もう一つは、「子どもを危険や失敗から守らなければならない」、すなわち「子どもを保護しなければならない」という強い社会的要請だ。学校は、保護者や地域住民、卒業生、又は教育委員会やマスコミなどからの「ご意見」に疲弊している。生徒の意思を尊重したいと切に願う先生方も多いと思う。しかし、こうした社会的要請が強くあり続ける限り、先生方のその想いを実現させることはできないだろう。

したがって、私はまず、大人たちこそ、法や規則と私たちの人権とがどのように結びついているかを今一度見つめ直す必要があると思っている。またそれと併せて、子どもという存在をどう捉えていくかという中核的な問題についても、検討していかねばならないと思う。

2 教育現場で見失われていること

(1) 法や規則は変えられる

教育現場では触れられないことが多いが、近代民主主義のもとで「当然の前提」とされていることがある。それは、**「法や規則は変えられる」**ということだ。

近代民主主義においては、人は生まれながらに自由であるから、法や規則で安易に誰かの人権を制約してはならないと考えられている。そのため、特定の法律によって特定の人々の人権が侵害されるようなことがあれば、国民が議論を行い、その法律を変えることができる。「決まりは決まり」といって少数者を排除したり、抑圧したりすることは、本来の法のあり方からはかけ離れている。

しかしながら、学校現場では、前述の通り、「〜すべき」、「〜しなければならない」といった細かい形式で溢れている。それを「校則」と呼び、規則であるとして遵守することを「正」としている。ブラック校則をなくそうというムーブメントが起きている今、それが本当に「正」なのかということは改めて検証されるべきなのだと思う。

なお、「ブラック校則をなくそう！　プロジェクト」の調査結果によれば、近年の校則は、より細かい形式を求める傾向にあるという。そうした個別具体的な近年の校則について、適法か否かという視点で論じていくことは判例の蓄積もなくやや困難である。また、逆に「判例になっていないものはすべて適法」ということでもない。

したがって、以下では、検証のために最も重要な視点である「人権」という点から校則を検討したい。そうすることが前述した規則と人権の結びつきを再検討することにも繋がると思う。

(2) 憲法と法律の関係

私たちの誰もが持っている人権であるが、それときちんと向き合おうとするとき、最初にアプローチすべきは憲法である。憲法は、国民一人ひとりの権利（個人の尊厳）を守るために国家権力を縛る存在だからだ。事実、権力側である立法府が定める「法律」は、憲法に違反することができない。これを憲法の最高法規性という（日本国憲法第98条第1項）。

そして、これは同時に、憲法の下位規範である法律が、憲法の掲げる目的を実現する役割を担っていることをも意味する。すなわち、「個人の尊厳を守る」という目的達成の「手段」として法律が存在するということだ。権力者の統治しやすさのために存在しているわけではない。国民同士の無用な衝突や、多数者による少数者への排除・抑圧を避けるための調整機能として存在している。したがって、法律が国民の権利を制約する理由は、原則として他者の権利利益との調整を理由とすることが求められる。

(3) 子どもの人権とその制約根拠

子どもも国民であるから、大人と同様、思想良心の自由や表現の自由、自己決定権等の基本的人権が憲法上保障されている。染髪やバイクの免許取得等の権利は自己決定権の一部であろう。そして、他者の権利利益との調整を理由にその権利の制約を受けることも大人と同様である。親の権利との衝突・調整が代表的な例だろう。

ただし、子どもに対する制約においては、これに加えて、子どもの未成熟さを理由として行われる場合がある。これを**パターナリズムに基づく制約**という。パターナリズム(Paternalism)とは、「父親的温情主義」などと訳され、未成熟な子どものために父親のように世話を焼くような心情のことをいう。つまり、「子どもの保護」を理由に子どもの人権を制約するということだ。心身に害を及ぼすという理由から、未成年者の飲酒や喫煙を禁ずることなどがこれにあたる(詳しくは、栃木県弁護士会人権公害委員会編『校則と子どもの権利』随想舎、1996を参照)。

(4) 「子どもの保護」という視点に求められる慎重さ

この「子どもの保護」を理由に、どこまで公権力が子どもの人権を制約してよいのか、という点がこのブラック校則問題の中核であり、最も難しい点であるといえるだろう。そして、この「どこまで」という問題は、「どの程度まで」という意味を当然含むが、「何を根拠に」という意味をも含む。

例えば、先に例示した飲酒喫煙の禁止は、未成年者飲酒禁止法及び未成年者喫煙禁止法という法律を根拠とする。法律は、前述の通り国会で定められるから、主権者である国民の意見が反映されている。つまり、民主政の過程を経た上で未成年者の人権（自己決定権）に制約を加えている。青少年保護育成条例なども、国民の意見までは反映されていないものの、地方議会を通して住民たちの意見が反映されたものといえる。

では、校則には、こうした裏打ちがあるのだろうか。それには、校則の法的根拠の有無が問題となる。

3 校則のあるべき姿とは

(1) 法的根拠のない校則

校則を誰がどのように定めるのか、どうして学校側が生徒側に校則を強制しうるのかという点について、直接的にこれを根拠づける法令は存在していない。つまり、**現在の学校現場では、法的に明確な根拠のないまま、子どもたちの基本的人権を校則によって制約している**ということである。憲法上保障された子どもの権利を不明確な根拠に基づいて制約することには強い違和感を覚える。また、後述する子どもの権利条約との関係でも問題があるだろう。同条約では、表現の自由等の市民的権利の行使に対する制約を子どもに行う場合を、法律によって定めるときに限っているからである（同条約13条2項、14条3項、15条2項）（姉崎洋一ほか『ガイドブック教育法 新訂版』三省堂、2015）。

(2) 生徒・保護者の意思の反映が不可欠

では、校則に関する法令が存在していない現状において、校則のあるべき姿とはどういったものか。その鍵となるのは、子どもの「参加」である。

校則の捉え方については、諸説あるが、校則を生徒・保護者と学校設置者との間の「在学契約」と考えるべきという説が有力だ。契約であれば、学校と生徒・保護者の間に合意が必要となるから、学校が一方的に子どもの権利を制約するような事態を避けられるからである。

そうであるならば、校則には、最低限、**生徒・保護者の意思が反映されるような仕組みが不可欠**ということになる。そして、そうした仕組みを設けることは、同時に子どもを自律した存在として扱うことにもなるだろう。近年、そうした生徒の主体性を重視して、校則の改正に生徒会等を関与させる学校も増えていると聞く。それは、極めて良い流れといえる。

ただ、他方で、生徒参加の体裁を取りつつも、生徒会決定事項等を明確な説明もなく却下する学校もあるという。何でも生徒の言う通りにすべきなどという暴論を述べるつもりはないが、そうした大人の姿勢は、子どもに不信感を与え、その自己有用感を失わせたり、委縮させたりすることに繋がる。したがって、生徒が正当な手続に則って行った決定事項を採用しない場合は、明確な理由を述べる必要があると思うし、そうした説明責任を学校側は負っていると考えるべきだろう。

(3) 求められる視点

さらにいうならば、そもそも、予め①どの範囲を生徒の判断に委ねるか、②委ねる範囲を限定する場合、その限定に合理性はあるか、③決定事項が採用されない場合はどのようなときか（限定列挙）、④その列挙事由に合理性はあるか、⑤採用しない理由は、どのような形で誰が説明するのか、⑥生徒たちからの不服申立手続はどうするか、といったことを保護者を含めて議論する必要がある。そして、特に、②④については、極めて厳格に検討されるべきであるし、①③⑤⑥については、校則等の中で明示しておく必要があるだろう。くどいようだが、規則は権利の実現を保障するためにあるのだ。

(4) 国連子どもの権利委員会からの指摘

なお、多くの学校がそうであることからもわかるように、日本政府は、校則の制定・改正等に生徒・保護者が参加することを制度的に保障していない。そのため、国連子どもの権利委員会は、1988年6月以降、数回にわたって、日本政府に対し、学校制度において子どもが参加する権利（条約12条）が制限され、子どもの意見の尊重が限定的なものとされていることを懸念する旨を勧告している。生徒の自律性や主体性を尊重した健全な学校運営を行うためにも、校則制定・改正にあたっては、生徒・保護者が参加する機会を保障していくことが不可欠である（日本弁護士連合会子どもの権利委員会編著『子どもの権利ガイドブック【第2版】』明石書店、2017）。

4 問われる「子どもの保護」のあり方

(1) 子どもの権利条約の考える「子ども像」

子どもの権利条約は、子どもを「保護の対象」ではなく、「権利(意思)の主体」と考えることを明確に打ち出した点に大きな意義があると言われている。他方で、1994年に同条約を批准して以降も、校則は、今まで法的根拠もなく子どもの人権に制約を加え続けてきた。それを社会が許容してきた背景には、**「子どもは保護の対象である」**という根強い考え方があると思われる。そのような社会通念は、司法の場にも大きく影響を与えている。

(2) これまでの司法の姿勢

これまで、司法の場においては、髪型の強制や染髪の禁止、バイクの免許取得の禁止といった校則に関する裁判が多数行われてきた。しかし、学校や教師の行為、校則そのものが違法であると認定されたものは、あまり存在しない。それぞれ争われた法的論点が異なるため、一律に論じることは困難であるが、多くの場合、教育の専門性を理由に現場に広い裁量権を認めたり、校則や教師の行為について「社会通念上の合理性」を認めたりしている。つまり、実社会がそうであるように、**司法の現場においても、子どもは自律的な存在とはほとんど捉えられていない**ということだ。司法は、社会に対して「これ以上は行き過ぎてはならない」と線引きする役割を担っているが、少なくとも校則と子どもの関係については、その役割を十分に果たしてきたとは言い難いだろう。

(3) 中川明弁護士の提示する「子どもの保護」観

他方で、子どもが未だ成長過程にあり、大人と比して未成熟な存在であることは事実である。子どもの保護と自律のバランスは、極めて難しい問題だ。この点、中学生の政治活動の自由が問題となった「麹町中・内申書裁判」等をはじめ、数多くの子どもの人権に関わる裁判を担当された中川明弁護士は、その著書（中川明『教育における子どもの人権救済の諸相』エイデル研究所、２０１６）において、「子どもの保護」をこう述べている。

「保護」は、子どもを未熟なものとして善導してゆくというパターナリズム的概念から、子どもが自律に向かう際のよりよきサポーターとしての役割を果たすものへとその意味を転換しなければなりません。「保護」は、子どもの行く手にレールを敷くようなものとしてではなく、子どもに伴走し支援する立場に立って、子どもと一緒に問題を考える役割を果たす人やシステムとして求められているのです。

管理することで子どもを「保護」するのは簡単だ。しかし、それは、結果として子どもから失敗や回り道の機会を奪い、大人だけが安心感を得られるにすぎない。子どもを自律した存在として「信じ、尊重して、支援する」覚悟が私たちには必要なのだろう。

5 今、大人に求められること

(1) 本音と理想の狭間で

「ブラック校則と言うけれど、どこまでが良くて、どこからがダメなの？　ある程度の規律は必要でしょう?」そうした現場の声を聞くことがある。いじめ問題やセクハラ・パワハラ等、他の場面や大人の世界でも似たような議論があるだろう。これに対しては、明確な答えはない。司法の判断も、いかなるケースにも適用できる万能なものではない。

ただ、一つ確かなことは、どんな行為も相手に対する敬意が失われた瞬間に、ハラスメントやブラックな行為に転じる可能性があるということだ。保護の名のもと、細かい形式ばかりを求めることは、子どもを単なる「管理すべき対象」として扱うに等しい。言うことを聞かせたいという大人の本音を子どもたちはしっかりと感じ取っている。今回「ブラック校則をなくそう」と声をあげ始めた人たちは、それを感じ取ってきた「かつての子どもたち」なのだろう。

他方で、保護者対応をはじめ様々な雑務に追われる現場に、生徒を真の意味で自律した存在として扱うだけの余裕はないだろう。「決まりごとにいちいち異を唱えられていたら、体がいくつあっても足りない」という先生方の声が今にも聞こえてきそうだ。したがって、多くの専門家が指摘するように、まずは現場の負担を減らすことが最優先事項であることは間違いない。

(2) 子どもを信じる社会へ

それと並行して行われるべきは、私たち大人の意識改革だろう。私たちが今有している権利は、決して「当たり前」ではない。歴史から明らかな通り、「何かおかしい」と感じた人たちが声をあげ、勝ち取ってきたものだ。その恩恵の上に今の自分たちがあることを時に私たちは忘れてしまう。そして、自分が声をあげることで、後の誰かが救われるかもしれないということからも日常に追われて目を逸らしてしまう。

しかし、私たちの権利は、私たち自身で守っていくしかないのだ。それは、決してワガママとか自分勝手とかそういうことではない。自分の権利と向き合い、大切にしていくことが後の人々の権利を守ることにも繋がるからだ。

だから、私たち大人は、もっと自分の感じる違和感や理不尽さという感覚を大事にしてよいと思う。声をあげたり、議論したりすることに躊躇しなくてよいと思う。大人がそれをできて初めて、子どもたちに「声をあげていいんだよ」と言ってあげられるのではないだろうか。

子どもを信じて尊重できる社会にするには、まずは大人が自分を信じ、自分自身を尊重しなければならないのかもしれない。「決まりは決まり」と押し付けられてきた校則の呪縛から、私たち大人こそ解き放たれよう。

5

校則が及ぼす経済的負担

渡辺由美子

1 「貧困」に鈍感な学校現場

(1) 七人に一人の子どもが貧困という時代

私が2009年に設立したNPO法人キッズドアは、日本の子どもの貧困という社会課題を解決することを主目的としている。約10年間、子どもの貧困の現場を見てきて強く感じるのは、**学校現場の「貧困」に対する無理解**である。

日本の子どもの貧困率は13・9%、およそ七人に一人が貧困状況にある。2016年の貧困ラインは二人世帯で年間所得が177万円未満、三人世帯で211万円未満、四人世帯は250万円未満である。これは貧困家庭の平均ではなく上限で、これ以下の非常に少ない所得で、衣食住をまかなう。まさか、今の日本に「お腹いっぱい食べられない子どもがいる」とは信じられない方も多いだろうが、実は、食費を切り詰めている子育て家庭は多い。

日本では同調圧力が強く、人と違うと「排除」される。子どもの世界では「いじめ」の対象にされたりするので、なんとか「貧困」に見えないように気を使っている。そのために「子どもの貧困」が見えづらいが、実は日々綱渡りで生活している子育て世帯は少なくない。

日本の学校教育は、公教育であっても私費、つまり家庭が負担しなければならない費用が非常に多い。私は、2001年の9月から1年間だけではあるが、家族でイギリスで生活をし、長男は現地の公立小学校に入学した。イギリスの学校生活で一番驚いたのは、学校に通わせるための費用がほとんどかからなかったことだ。学校から集金を求められたり、教材など強制的に全員購入させられるものは全くなかった。どんな家庭環境の子どもでも安心して学校に通えるように、という不文律が貫かれていた。

比べて日本は、**いまだに学校現場では「一億総中流」という幻想のもと、全ての家庭に一律に同じ負担を求める**。高価な制服や割高な学校指定品の購入を子育て家庭に求めるが、ギリギリの生活でそれが整えられなくなっている家庭がある。「お金がなくて買えない」のに「指定のものを買い揃えないと校則違反」として指導される。その指導も、昔に比べて非常に厳しく、連帯責任や見せしめ指導、反省文の提出など、子どもにとっては精神的に追い詰められるような指導が増えている。

お金がなくて買えないのに、子どもは何を反省すればいいのだろう。

「子どものためなら、親は多少の無理をしても揃えられる」という間違った学校側の思い込みが貧困家庭を苦しめている。できる無理は全部して、なんとかしのいでいる。これ以上の無理はできない。「皆同じ」を求める校則が、貧困家庭を苦しめている。

(2) アルマーニ制服が象徴する制服の問題

2018年2月、東京都中央区の公立小学校が高級ブランドの制服を導入するということで、社会に議論を巻き起こした。一式揃えると約8万円と大変高額である。この制服の導入を決めた校長の「我が校の保護者なら支払える金額だと思った」という発言が、子どもを選別していると大いに世の反発を招いたのは記憶に新しい。

しかし、実は、普通の公立中学校の制服も非常に高い。冬服と夏服、さらに学校指定の運動着を一式揃えると7~8万円かかる学校は多い。そして、これは保護者の経済状況にかかわらず、基本的には一律同じものを同じ金額で家庭が揃えるようになっている。収入の低い家庭には修学援助金などが支給されるが、とてもそれではまかないきれない。私たちの学習会に通っているある保護者は、「補助が出るから大丈夫」と言われて安心していたら、全く金額が足りず、制服を引き取りに行けなかったという。お店の方に事情を話して、分割払いにしてもらって、なんとか入学式に間に合わせたという。

制服については、あまりにも高すぎると平成29年に公正取引員会が取引実態の調査をおこなっている。調査によれば、制服の価格は、この10年間で男子が平均2・8万円から3・3万円と約5000円も上昇している。値上がり率は18%。一般の物価は10年間ほぼ横ばいなので、どれほど異常な値上がりかがわかるだろう（公立中学校における制服の取引実態に関する調査報告書 http://www.jftc.go.jp/houdou/pressrelease/h29/nov/171129.files/171129_2houdouhappyoubesshi.pdf)。

実は、私の子どもが通ったイギリスの小学校も、標準服があった。男子は紺のトレーナーにグレーの長ズボン、夏は白のポロシャツにグレーの半ズボンまたは長ズボン。校長先生からは、

「私たちの学校の標準服は次の通りですが、新たに買う必要はありません。似通ったものであればいいので、トレーナーも紺じゃなくても黒とかグレーとか地味な色なら大丈夫です。ズボンも黒でも紺でも派手でなければいいです。もし新たに購入されるなら、スーパーなどで適当なものを買ってください。学校のワッペンがついたものは学校の購買で売っていますが、決してそれを買う必要はありません」

と、しつこいほど言われた。記念に買ったワッペンのついたトレーナーも3000円ほど、グレーのズボンやポロシャツは、スーパーで安いものを購入した。

前述の調査によれば、学校が制服を指定する理由は、①秩序維持、生徒指導のため ②学校への所属意識を高めるため ③生徒や保護者の経済的負担を軽減するため となっている。少なくとも③の観点でみれば、もう少し工夫の余地があるのではないだろうか？

2 経済的負担を強いる校則指導

(1) お金がないから校則を守れない

制服に限らず、日本の学校では、「学校指定品」を揃えなければならない場合が多い。そして、皆と同じものでないと「校則違反」として厳しく指導される。ネットからも友人知人からも漏れ聞こえてくるこのような実態を捉えようと、「ブラック校則をなくそう！ プロジェクト」では、ホームページで、具体的なブラック校則の事例を収集している（https://www.black-kousoku.org）。報告事例を後追いしそれぞれ確認している訳ではないが、報告者の連絡先なども求めているので、信憑性は高いと判断している。

経済面からは、学校指定品に関する事例が複数見られる。例えば、靴下について、白のみ、ワンポイント禁止、くるぶし丈禁止など細かく指定されており、結局新しく購入せざるを得ない。学校の先生の感覚では、「靴下ぐらい買えるでしょう」という思い込みがあるのかもしれないが、苦労している親を見て、なかなか靴下を買ってくれと言えない子どもたちを追い詰めていることに早く気がついて欲しい。

私も驚いたのだが、下着の色を「白かベージュのみ」と校則や学校のルールで指定している学校も非常に多い。その背景には、ブラウスやワイシャツから透けて見えることへの配慮や、華美に走らないようにという学校側の気遣いなどがあったらしい。それについては一定の合理性もあるかもしれない。が、その下着の色を、わざわざチェックし、指導をする必要があるだろうか。中学校に入学してからその校則を知り、新たに買い直さなければならなかった、という声が届いている。

子どもは、先生からブラウスをめくられたり、ブラジャーの色を覗かれたり、というような、一般常識では考えられないような服装検査を受けており、そこで違反が見つかると反省文を書かされたり、皆の前で叱られるというような見せしめ指導を受ける。新しい下着を購入できない家庭はどうすればいいのだろう?

校則を守るためには、制服や運動着はもちろん、靴下や下着まで新しく購入しなければならない。家にあるものを使い回すと校則違反と罰せられる状況は、行き過ぎではないだろうか?

(2) 美容院代は誰が負担するべきなのか?

「ブラック校則をなくそう! プロジェクト」を発足するきっかけとなった大阪府の事案では、校則違反だからと、生まれつき黒髪でない生徒に黒染めをするよう学校が指導していた。これに関しての事実関係は裁判に譲るとしても、このように学校側から校則違反だからと、髪を黒く染めたり、髪を切るように指導されたという声は、ホームページにもたくさん届いている。私たちの学習会に通う生徒などからも同様の声を聞く。ここで1件、ホームページに寄せられた保護者からの声をご紹介したい。

息子から聞いたのですが、頻繁に頭髪検査があり、どう見ても一般的にはそんなに長くないのに、少しでも耳にかかっていたらアウトらしく、すぐに切りに行きなさいと強要されます。しかも、自分でのカットはダメで毎回理髪店に行かなきゃダメらしいです。そんなに頻繁にお店に連れていけるわけもなく、息子は自分でカットしています。それに、私たち親から見ても全然長いとも思わないので、ある程度切ってそのまま行かせてます。息子には先生から何か言われたら、「親が全然長くないと言った」と言えと伝えてます。まだそのことについては、直接学校から何も言ってきてません。少し前にも、友達が同じようなことを言うと、先生は「判断するのは親じゃなく俺だ！」と言っていたそうです。

どうみても一般的にはそれほど長くないのに、少しでも耳にかかっていたらアウトなのか？　なぜ、毎回理容店に行かなければならないのか？　納得のいく理由は見つからない。理容店に行けば、それなりのお金がかかる。以前に比べれば価格の安いお店も出てきたが、それでも最低1000円はかかる。それほど見苦しくない長さの髪を切るために、毎回1000円を払うのは経済的に負担が大きい。この保護者は、経済的理由で子どもに校則違反をさせざるを得ない。さぞ、忸怩《じくじ》たる思いをしているだろう。なぜ、数センチの髪のために、保護者が理容店の代金を頻繁に払わなければならないのだろうか?

その他にも、髪を黒く染めるために何度も美容室に行かされたという事例もある。地毛が黒髪でない子どもの髪を黒く染めさせる指導そのものが言語道断だが、同時に、校則を守るためにも、何千円もする髪染めを保護者が負担するのはおかしくないだろうか? 自宅で染めるにしても、髪染めの薬はそれなりの値段だ。本人が望まないのに、学校側の指導で自腹で髪を染めなければならないのは、低所得家庭にとっては大きな負担だ。「お金がないから、髪が染められない」「髪を切りに行けない」という子どもは、学校に行けなくなっている可能性もある。美容院代の負担を考慮せずに厳しい頭髪規制をするのは、あまりにも配慮がない。

(3) 学校指定品の価格が高すぎる

「入学前に学校推奨自転車といって、7万円近くの自転車が設定されている。なぜ推奨自転車を購入する必要があるのか疑問に思う。親として、周りに合わせないといけないと思うが、高価すぎるので躊躇している」。これも、「ブラック校則をなくそう! プロジェクト」

に寄せられた意見の一つだ。

今時、厳しい安全基準を満たした自転車でも、3万円を出せばおつりが来る価格で売られている。自転車で通学しなければ通えないのに、そのために7万円もするものが指定されているというのは、各家庭の経済状況にあまりにも配慮がない。

年の近い三人兄弟で同じ中学校に通うのに、毎年修学旅行のために新しい揃いのボストンバックを購入しなければならないという知人もいた。学校指定品なのでそれなりの値段だそうだ。デザインもほぼ変わらない。

「うちは上の子のものがあるからいらない」と先生に言ったら、「一人だけ違うものだといじめられる可能性があるから買ってください」と言われたそうだ。なぜ、バックが違うといじめられるのか？　そのような発言をする時点で、「学校指定品を買わないのなら、いじめられてもしょうがない」と学校側が考えていることになる。全員が同じものを持たなければ、いじめが起こると学校側が認識しているのなら、それは全ての家庭に無料で配布や貸出をするなどの措置が必要だろう。そうでなければ、お金がなくて高額な学校指定品を買えない家庭の子どもは、いじめのターゲットになるしかないのである。

学校指定品の話をすると「そうはいっても、学校指定品の販売で生業を立てている人もいるからしょうがない」と言われることもある。それは潰れそうな企業を、子育て家庭に「学校指定品」という強制購入をさせる仕組みで延命させていることに他ならない。ただでさえ苦しい子育て世代に負荷を負わせるのではなく、産業構造の変革の中で企業努力や中小企業支援で対応するべき社会課題だろう。子どもにこれ以上負担を押し付けるのは無理なのだ。

3 不公平で理不尽な校則指導

(1) 「母子家庭だから茶髪なのか？」という指導の背景

２０１８年5月、世間を騒がせた日本大学アメリカンフットボール部の反則事件で、私が注目したのは、被害学生も加害学生も、立派な父親に恵まれていた点である。記者会見をしたり、メディアにしっかりと自分の意見を伝えることができる保護者がいたことは、両者にとって幸いだった。もし、加害者が母子家庭だったら、非正規雇用で仕事を休めなかったら、子どもについてあげることもできない。もちろん弁護士を頼んで大学と渡り合うことなどできない。

黒染めの裁判を起こした家庭は、母子家庭だそうだ。「母子家庭だから茶髪なのか？」というような先生の発言もあったという。もし、この子の家庭に立派な父親がいても、同じように厳しい校則指導をしたのだろうか？

校則指導でも、「目をつけられる生徒」「集中的に指導を受ける生徒」と同じ状態なのに、指導を受けない生徒がいる。髪がちょっと耳にかかったくらいで、スカートの丈がほんの数センチ短いだけで、厳しい指導をする不寛容さがある一方で、その運用が家庭背景などで差が出るのはおかしくないだろうか？

私たちの学習会に通う生徒で、テストの結果はそれほど悪くないのに、通知表で1や2をつけられてしまう子どもがいる。母子家庭で、お母さんに聞いても「お友達の方が点数が悪いのに、その子は1じゃないんです」という。離婚をされて引越しをした方で、「前の学校では成績が良い方だったのに、こちらでは通知表で2がついて。定期テストもそれほど悪くはないのにどうしてでしょう?」と困られていた。お子さんは転校のショックに加えて、考えられないほど悪い成績をとって、すっかり学校不信に陥っていた。

「子どものことで学校に相談に行くときは、できるだけ父親と一緒に行ったほうがいい」というのは、子育ての世界でよく言われている。しかし、子どもは親を選べない。**母子家庭や低所得家庭が、その家庭環境ゆえに理不尽な校則指導を受けているとしたら許されない。**

(2) 校則を変えられる人と変えられない人

校則問題が世を騒がせていたときに、社会起業家として有名なNPO法人フローレンスの代表理事駒崎弘樹氏が、お子さんが通う小学校のルールを変えてもらったという体験をブログに載せていた。真冬でも半袖半ズボン強制ということに驚き、夕方学校に電話をして相談したところ、翌朝、校長先生から直接電話がかかってきて、トレーナー等の着用がＯＫになったという（https://www.komazaki.net/activity/2018/02/post7375/）。

駒崎氏はブログの中で、クレームではなく、対話をしていけば学校側も聞く耳があるのではないか？ と言っている。

しかし、私はこの意見に素直にうなずけない。駒崎氏と同じような行動を起こしても、学校側が全く動いてくれないという報告が、生徒からも保護者からも山ほど届いている。校則を変えようと生徒会に入って3年間頑張ったのに、結局変えてもらえなかったという生徒。学校と教育委員会の間をたらいまわしされる保護者。何度も直談判に言ったが、担任止まりで一向に改善に向かわない。この生徒や保護者のやり方がまずかったのだろうか？

「ブラック校則をなくそう！ プロジェクト」を立ち上げてから、駒崎氏以外にも何人かの方から、「自分も学校時代に校則を変えたんだよ。だから、校則は生徒が自ら学校に働きかけて変えていけばいいんだよ」という方に出会った。皆、今も大活躍されているような方だ。確かにこういう方なら、校則を変えるパワーを持っていたのだろう。ご実家が立派な方も多い。

ここから見えてくるのは、**世の中には、校則を変えられる人といくら努力しても変えられない人がいる**という事実だ。そしてそこにも理不尽さが働いているように思えてならない。

男女が同じ教室で着替えることに意見をする保護者が何年もいたが毎年無視。友人の子が入学したとき、知人の議員に言ったらすぐ更衣室が用意された。生徒や保護者の声は聞こえないが議員の声は聞こえる。

これはある公立中学校の保護者から寄せられた声だ。ミリ単位で検査される髪の長さ、地毛なのに黒く染めさせられる頭髪指導、スカートの長さを測るためにひざまずいて覗き込まれる、下着の色をチェックされる、寒いのに防寒着が許されない。さらにまるで犯罪者を探すような服装検査と違反者への厳しい指導のために学校に行けなくなったという声、学校が怖いという声も複数ある。そして、それを変えようとしても相手にしてもらえない、生徒や保護者の悲しみが溢れている。

校則は、何のためにあるのか？　誰のためにあるのか？　それを社会全体で考える時期だろう。

ちょっと耳に髪がかかったからと、皆の前で叱責され美容室での散髪を強いる、下着の色をチェックされるというセクハラに身を晒された上に、指定の色の下着を購入させられる。校則だからと許される問題ではない。

6

当事者研究から見た学校の生きづらさ
――発達障害者の視点から

綾屋紗月

1 成人発達障害者による「学校生活を振り返る」当事者研究

筆者は2011年から、発達障害者が中心となって運営、参加する当事者研究を行う会（おとえもじて：http://otoemojite.com/）を主催しており、現在も毎月1回、筆者と同じ発達障害当事者の仲間と共に、抱えている困りごとを研究し、わかちあいを続けている。参加者の年齢層はおよそ20代～60代と幅広い。

当事者研究会が始まって約2年が過ぎた頃、私たち発達障害者の多くが、学校から離れて何十年も経過しているにもかかわらず、引き続き「学校」に関する困りごとを抱えている様子が見えてきた。学校にまつわる経験が、「つらいながらも過去の遠い思い出」として薄れることなく、今なお大きな傷となって、陰に陽に現在の生活に悪影響を及ぼし続けているのである。話を聞いていると、仲間の中にはいじめられた経験をもつ者、および、いじめられずには済んだが、学校の集団生活におけるルールのわからなさに脅えながら日々をサバイバルしたり、不登校というかたちで身を守ったりしてきた者が少なくないようだった。

そこで2013年、当事者研究会のテーマを「シリーズ『学校』」と設定し、全9回に亘ってミーティングを行った。サブテーマは、①学校生活を振り返る（第40回）、②集団生活と自分（第41回）、③間に合う・間に合わない（第42回）、④休み時間（第43回）、⑤授業時間（第44回）、⑥学校をデザインする（第45回）、⑦⑧⑨まとめ（第53・54・55回）と設定した。参加人数は平均して約23人であった（図1）。本論は、これらの回をまとめた会報の一部を引用するかたちで進めていく（本論の引用元となった会報は「おとえもじて」のホームページに掲載）。

2　学校社会の生きづらさ：できない・わからない

当事者研究の結果を見てみると、この「学校」をテーマにした当事者研究に参加した者の多くが、集団行動を前提とした学校社会において、主に「周囲と同じように（時間通りに／効率よく／適切に／努力しても／勉強が）できない経験」と「周囲が共有しているルール（雰囲気／手続／役割）がわからない経験」をしてきたようであった。また、いじめられた経験をもつ者もいた。

開催回	開催日	テーマ：シリーズ「学校」	人数（人）
第40回	2013年03月04日	①学校生活を振り返る	24
第41回	2013年03月20日	②集団生活と自分	28
第42回	2013年04月01日	③間に合う・間に合わない	28
第43回	2013年04月17日	④休み時間	25
第44回	2013年05月06日	⑤授業時間	23
第45回	2013年05月22日	⑥学校をデザインする	22
第53回	2013年09月18日	⑦まとめ１（第40・41回）	21
第54回	2013年10月07日	⑧まとめ２（第42・43回）	29
第55回	2013年10月23日	⑨まとめ３（第44・45回）	15

図１　発達障害者による当事者研究
テーマ「シリーズ『学校』」

第40回　学校生活で困っていたこと
・集団行動になじめない
　（気持ち悪い、居場所ない、孤立、同調）
・いじめ
・ルールがわからない（雰囲気、裏、手続、暗黙）
・成績・進路
・忘れ物
・うまく聞こえない
・運動が苦手（家庭科、体育、不器用）
・遅れる（提出物、朝起きられない）
・環境の変化（クラス、教師、ルール）
・宿泊行事
・恋愛に失敗

第42回　間に合う・間に合わない
間に合わない
・**遅刻**　（・**朝起きられない**・学校行事・待ち合わせ
　・無駄に**緊張**して準備の詰めが甘い
　・遅刻した上に**場所も間違えた**
　・間に合いそうな時でも何か**失敗**）
・**興味・関心**がないと手を付けない
・**努力している**が間に合わない
・夏休みの**宿題**／・**家庭科**のエプロン
・約束期限・場所は覚えていても作業が進まない
・「計画通りにやりなさい」と言われてもできない

第41回　「集団生活と自分」と聞いて思ったこと
・悪い気持ち
　（苦しい/つらい/落ち着かない/なじめない/むずかしい/
　思い出したくない/ギューッと固まる/ショック）
・良い気持ち（自由）
・わからない（どこが悪いのか/ルール/役割）
・できない（時間通り/効率/適切/努力しても入れない/勉強）
・いじめ
・間に合わない／うまく動けない
・まねる
・できた／よかった
　（友達・教師に恵まれた／面白いキャラで認めてもらえた）
・単独行動がラク／1人の時間をつくる
・合わせようとしても1人になる
・集団行動をしていなかった／意識したことがない

第44回　授業時間とは？
・書いたり聞いたりするのが難しい
・集中力が続かない
（⇔授業中なら集中することがあるから最高）
・人との距離が近すぎる
・内容や周りについていけない
・学習の目的や見通しが不明
・ひたすら忍耐

第44回　体育が嫌い・苦手
・球技が苦手
・真似をしろと言われても手足が再現できない
・やること自体がつらく未来像が見えない
・うまくいかないので全然ついていけない
・バランス感覚が低い
・器械体操・組体操・跳び箱・マットがイヤ

図2　発達障害者の学校生活に関する困りごと
（おとえもじて当事者研究会会報より作成）

特に「（登校時刻／提出物や課題の期限に対する）間に合わなさ」「（音韻的／意味的／文脈的な）言語情報がうまく得られないこと」「（「手先」および／または「全身」が）うまく動かないこと」は、（「教室内」および／または「体育」の）授業時間や学校行事へのすみやかな参入を妨げる要因だったと感じている者が多く、その結果、「単独行動がラク」「一人の時間をつくる」「合わせようとしても一人になる」「集団行動をしていなかった」「集団行動を意識したことがない」というふるまいにつながっていたと考えられる。さらに成人して学校生活から離れてもなお、集団生活に対しては、「苦しい」「つらい」「落ち着かない」「なじめない」「むずかしい」「思い出したくない」「ギューッと固まる」「ショック」といった気持ちを抱えている者が多かった（図2）。

3 「休み時間」はサバイバル空間

学校生活では授業時間や学校行事なども大変だが、最も過酷なのは「みんなと一緒に」「体を動かして」「外で」遊ぶ、というルールが支配する「休み時間」をやり過ごすことだったと言えるかもしれない。休み時間は、恐ろしく、みじめでつらい、嫌な時間であったと答える者が続いた。ドッジボール遊びにも、あわただしい教室移動中にも、いじめられる可能性はあちこちに潜んでいる。学校に通っていた当時は「協調性からはずれる人や、話さない人は嫌われる」「話題提供がうまい、中心的な一番強い人物に気に入られねばならない」といったルールの存在があっても気づけていないか、もしくは、なんとなくルールがわかっていても具体的な対処法につながるような人とのつきあい方がよくわかっていなかった。そのため、いじめのターゲットにならないことを願いつつ、なんとか手探りで、同性同士のグループの流行の話や遊びにまざり、連れ立ってトイレに行くといった社交に翻弄されることになっていたようである。そして、このような「みんなと一緒」のルールに入れない時に自

第43回　休み時間とは？

- なじめない／恐ろしい／嫌い／みじめ／つらい
- いじめられる
- ひとりでいる
- 人との関わり方がわからない
- みんなと一緒に遊ぶ／遊ばされる
- 大好き・楽しい
- 女子トイレに一緒に行くのがイヤ
- ドッジボールで逃げるのに必死
- 社交に追われる
- 教室移動であわただしい
- 他の人の楽しそうな様子がうらやましい
- 寝たふり
- 人やモノを観察

第43回
「みんなと一緒」ルールに入れない時の
自分助けの方法は？

- **集団から離れる・一人になる**
- **他者**の存在（担任・知り合い）
- ルールがわからない＝**従わない**ことが結果的に自分を助けた
- **流行に乗る**ための知識を得る（テレビ・漫画・歌手）
- **面白い雰囲気**をつくる
- **逃げ場所**を確保
- おかしな校則をなくすことに命を燃やす

第43回　休み時間のルール

遊びのルール

- みんなで一緒に体を動かして外で遊ぶ
- 流行の話・遊びをする
- 男女別で遊ぶ

ルールの実権の所在

- 一番強い人に気に入られねばならない
- 担任によって過ごし方のルールが変わる
- 話題提供がうまい人が引っ張って秩序をつくる
- 「私がみんなだ」と代表できる人に実権がある

嫌われるルール

- 協調性からはずれる人、話さない人は嫌われる

連れ立ってトイレに行く

部活や委員会へ行く

図3　学校の「休み時間」をサバイバルしてきた経験
（おとえもじて当事者研究会会報より作成）

分を助ける方法として、「集団から離れる・一人になる」「逃げ先（場所・人）を確保」「寝たふり」「流行に乗るための知識を得る（テレビ・漫画・歌手）」・「面白い雰囲気をつくる」「ルールがわからずに従わないことが結果的に自分を助けた」などが挙がった（図3）。

休み時間は一見、その言葉の響きから「束縛から解放された自由な時間」のように感じられるが、むしろ校則によって明示化された公認のカリキュラムが消失した代わりに、学校生活を下支えしている非明示的な同調的秩序がむき出しになる不自由な空間なのかもしれない。

4 学校をデザインする

自分たちの学校生活の経験を振り返ったあと、私たちは「学校をカスタマイズする」という試みを通して、自分が負担なく学校で過ごすためには、どのように学校環境が変化するとよいのかについて検討した。また、学校や教育に対する疑問点を挙げる作業も行った（図4・5）。

これらの意見から、私たちが経験してきた学校とは、科目、カリキュラム、教師、日数、時間帯、場所、人数、給食、学校行事、部活動、服装など、あらゆる面で個人差の尊重を可能にするような選択肢がほとんどなく、**集団の中で他者と同じようにそろって行動することを強要するシステム**だったことが見えてくる。

第45回　学校で変えたいところ

【授業】
・選択の自由を増やしたい
（授業、教師、科目、時間帯、人数・・・）
・小/中学校でも大学みたいにカリキュラムを自分で組みたい
・小/中学校でも通学制だけでなく通信制もほしい
（インターネット、テレビ、ビデオ）
・週2~3日がいい（⇔家もいろいろたいへんだったので
好きな時にいつでも行けるといい）
・実用性のあることを学びたい
・楽しく知りたい
・個別指導を増やしてほしい
・単位制がいい
・少人数制がいい（⇔少な過ぎると逆に怖い）
・もっと校外学習がしたい
（美術館・図書館・社会実習・農業体験など）

【教室】
・あの空間に30~40人は狭すぎるのでもっと開放感がほしい
（⇔反響音は困る）
・もっと自然を取り込みたい

【給食】
・給食はバイキング形式がいい
・もっとゆっくり食べたい

【避難・休憩】保健室以外に、いつでも使えて昼寝もOKの
落ち着けて安心できる休憩スペースがほしい
【休み時間】休み時間には休みたい
【行事・部活動】任意参加がいい
【制服】男女で分けるならどちらも自由に着たい

図4　自分の負担がなくなるように学校をカスタマイズ（おとえもじて当事者研究会会報より作成）

第53回　自分の経験から「なぜ〜なのか？」という学校や教育に関する質問を考える

【選択肢の少なさ】
・なぜ望む教育を受けられないことがあるのか
・なぜ教育を学校で受けねばならないのか
・なぜ義務教育＝通学制しか基本的な選択肢がないのか
・なぜ人と同じ勉強をしなければならないのか

【学校カリキュラム】
・なぜ宿泊行事をさせるのか
・なぜ日常生活でいまだに使ったことがないような勉強が必修なのか（例：数学）
・なぜ将来役に立たない教科を勉強せねばならないのか

【同調圧力】
・なぜ友だちと遊ばなければならないのか
・なぜ親と先生は仲良くせねばならないのか
・学校になじめなければ社会でもうまくいかないのは本当か
・なぜ多数者の意見に従わねばいけないのか
・なぜ多数者の行動に従わねばならないのか
・なぜ個人の尊厳ではなく社会の秩序のために教育を受けねばならないのか
・なぜ集団で動けなくてはいけないのか
・なぜわけのわからない集団の中で「そこにいられる人になれ」と勧めるのか
・なぜ具合が悪いので帰ることが特別扱いになるから帰してもらえないのか
・なぜ勉強と集団行動を一緒に行うのか
・集団行動を勉強するならなぜ具体的に別の設定にしないのか

【能力主義】
・なぜ、なにかができることにそんなに価値を置くのか

【学校システム】
・なぜこちらは教師を選べないのか
・なぜ学校に一度行くと出入りできないのか
・なぜあんなに苦しんでまで給食を全部食べねばならないのか
・なぜ休み時間が5分しかないのか
・なぜ学校教育のほとんどが有償なのか
・なぜ朝礼で立っていなければならないのか
・なぜ朝早くから授業が始まるのか
・なぜ実学と座学をわけるのか
・なぜ体育、体操着、図工などの道具を各自が持ち、用意しなければいけないのか
・なぜ学校に行かない権利が行使できないのか
・なぜ社会性を身につけさせる場がなぜ子供の頃からのバイトではなく学校なのか
・なぜ先生というだけで敬わねばならないのか
・なぜサッカー部に女子が入ると隅っこなのか
・なぜ男はズボンで女はスカートなのか

【学校を超えた問題】
・なぜみんなは筆記用具をもっているのか
・なぜみんなは家に帰っても殴られないのか
・なぜみんなは性的暴力を子どもの頃受けてないのか
・なぜいまだにいじめの教育、対策をやらないのはなぜか
・なぜ対抗暴力も許されないのか
・なぜけんかするのか、世界が仲良くなれないのか
・なぜ就労を含め社会に参加するために学校経歴が問われる必要があるのか

図５　学校や教育に対する疑問点を挙げる
（おとえもじて当事者研究会会報より作成）

画一的な校則が支配していれば、そのルールと個々の事情との間には、さまざまなミスマッチとニーズが生じる。例えば、登校日数に関する仲間の意見を見ると、「体力がないので週3日ぐらいにしてほしい」という者もいれば「家庭が大変だったので、好きな時にいつでもいくらでも行けると助かる」という者もいるというように、正反対のニーズが生じていた。また、心身の疲労度や体調の変動の個人差に対応できるように、「保健室以外に、いつでも使えて昼寝もＯＫの、落ち着け

て安心できる避難・休憩スペースがほしい」というニーズも切実なものである。さらに「学校とは児童・生徒の保護者が協力して支えていくもの」という前提が、「家庭では金銭的に学習用具が用意できない」「家庭内暴力を受けている」といった背景を持った者を追いつめていることも忘れてはならないだろう。

このようなさまざまなミスマッチやニーズを「特別扱い」することなく、それらに対応していくためには、**学校システム全体が多様性を前提とした秩序へと変化し、選択肢を増やし、フレキシブルになる必要がある**と言えるのではないだろうか。

学校社会に対して不自由さを抱えてきた者たちから生じた「学校をこう変えたい」「学校はなぜこうなのか」という、このような数多くの素朴な要望と疑問は、教育的な効果や根拠も曖昧なまま惰性で継続している校則はどれなのか、世界的な動向に対する目配りもなく、日本が抱える現状すら反映せずに古い考え方のまま形骸化しているルールはどういった点なのかなど、日本の学校社会の無自覚な「当たり前」を見直す資源となりうるのではないかと感じている。

5 「中」にある問題ではなく「間」にある問題

ここまで述べてきたことをまとめると（図6）のようになる。図の左側には「間に合わな

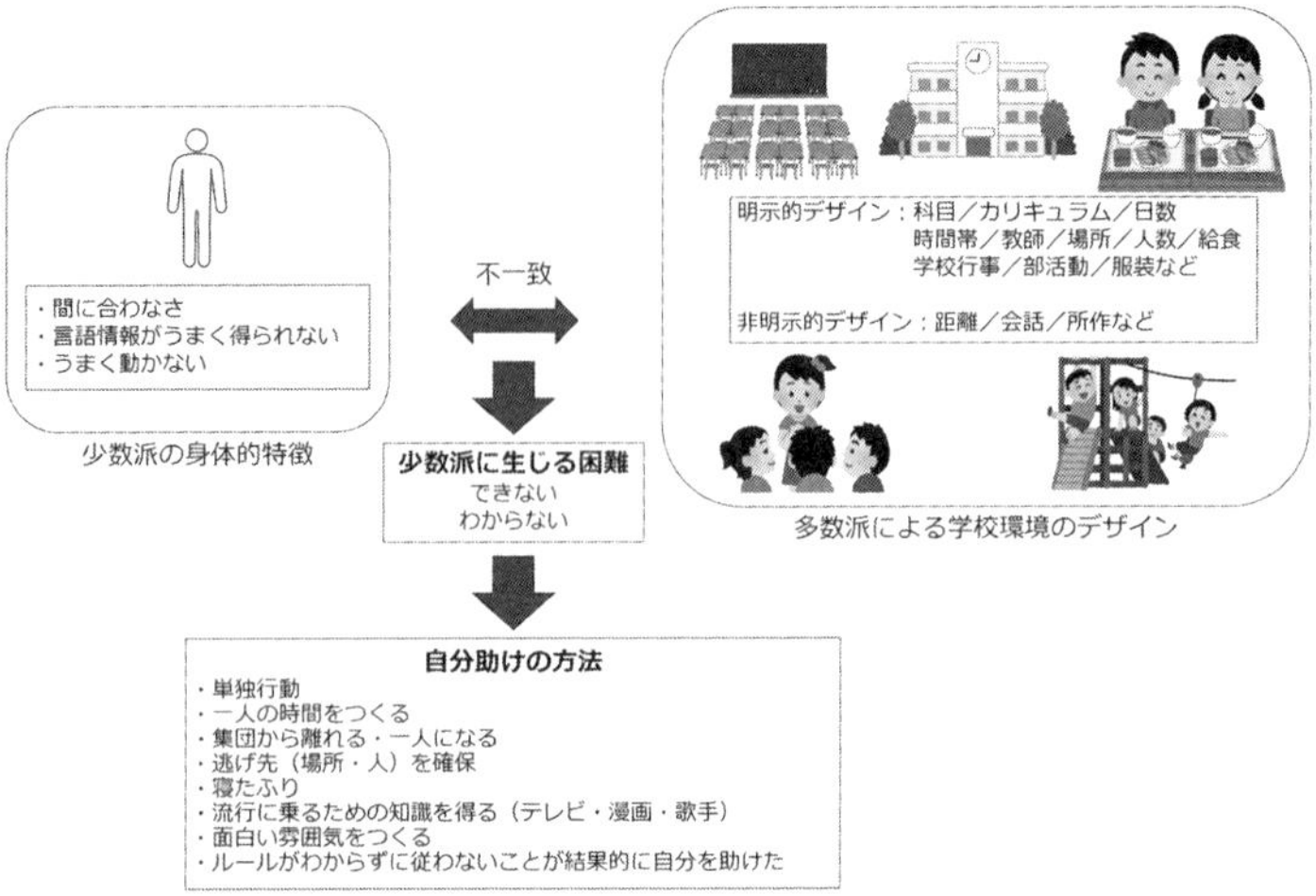

図6　多数派のデザインと少数派の身体的特徴の不一致

さ」「言語情報がうまく得られない」「うまく動かない」など、今回のデータに見られた発達障害者がもつ少数派としての身体的特徴（だと考えられるもの）が描かれている。それに対して、図の右側には、「科目」「カリキュラム」「教師」「日数」「時間帯」「場所」「人数」「給食」「学校行事」「部活動」「服装」など、しばしば校則のもとで画一化される、学校環境の明示的デザインの要素が描かれている（「人との距離のとり方」「会話のやりとりのルール」「所作やふるまい方」など休み時間に顕在化する非明示的なコミュニケーションデザインも、ここでいう環境要素に含まれているが、今回のデータにおいては十分にふれられることがなかったので、それらについては2018年秋頃刊行予定の『ソーシャル・マジョリティ研究』金子書房にて詳述する）。多数派向けにデザインされた学校の環境要素と、それらに囲まれた少数派である発達障害者たちとの間には当然、不一致が生じ、少数者側は「できない」「わからない」という困難を抱えることになる。**この困難は、少数派側の努力だけで解消しようとするには、しばしば負担が大きく、環境側も変化することでようやく軽減、もしくは消失しうるものである**と考えられる。しかし環境側の変化が見込めない中、発達障害をもつ私たちは、この不一致の困難から自分自身を助け出すために、「集団から離れる」など、さまざまな行動パターンをとっていたということが見えてくる。

　このような状況は発達障害に固有のものではなく、「車椅子に乗っている生徒とエレベーターを設置していない学校環境との不一致から困難が生じる」というケースと同様のことが生じているに過ぎない。しかし発達障害の場合、ほかの障害とは異なる問題も抱えていることを、ここで指摘しておく必要がある。それは、発達障害のうち特に自閉スペクトラム症の診断基準が、「環境側との不一致」や「自分助けの方法」の部分をさして「社会性／コミュニケーションの障害」と名づけ、それらがあたかも「個人に内在する生得的な問題」だと誤認させるような記述になっている点である。

　そもそもコミュニケーションというのは、人と人、あるいは人と社会の「間」に生じる現象であり、決して特定の個人の「中」に生じる現象ではない。同じくコミュニケーション障害という現象も「間」に生じる不一致である。しかし**コミュニケーション障害という概念を**

診断基準として採用することは、こうした「間」に生じる現象を少数派個人の「中」にある問題へとすりかえることを可能にする。その結果、学校側が「環境のデザインを見直す」という責任から免がれることも可能にしてしまうのである。

成人発達障害者の仲間の話を聞いていると、本人の身体的特徴はそのままであっても、環境側のデザインが変化したことによって、集団に参入できるようになる経験をしてきた者も少なくない。このことは「コミュニケーション障害」が環境から独立した生得的な特徴というよりも、環境の変化によって軽減もしくは消失しうる、「間」に生じる現象である、という先述した見立てを傍証するものだと言えるだろう。

6 過去の自分へのメッセージ

私たちは「過去の自分にかける言葉」と「今だったら学校の中でどう過ごすか」についても考察した（図7）。「もっと頑張れ」と励ます言葉、「大人になれば楽になれるから辛抱してね」と未来を信じることを促す言葉、「押しつけられている常識を鵜呑みにしなくていい」「人間としてどう生きるかが大事だ」と現在の信念を伝える言葉、「悪いのはあなたではなく向こうだ」と指摘する言葉、「今の自分でいいから無理しなくていい」と承認する言葉などが挙がった。決して最善の策とは言えないが、それでも個人の努力ではどうしようもない空

第40回　今の自分が過去に戻れたらどんな言葉をかけますか

【もっと頑張れ】
・目指している大学に進むために多少の我慢は必要だ
・そろそろ提出物の準備をしないとあんたヤバいよ
・あまりいい子ぶらずに突っ張れ
・苦しいけどあと○年頑張れ
・人に引きずられずもっと頑張って
・親に借金させてでも塾に行くべきだ

【未来に託して】
・大人になったら今のつらさの理由がわかるから辛抱してね
・今の自分はそんなに悪くないから大人になるのも悪くないよ
・意外と死なないからもう少し考えたほうがいい

【現在の信念を伝える】
・勉強・進学じゃない。人間としてどう生きるかが大事だ
・押しつけられている常識を鵜呑みにしなくていい
・今は誰も信じられないけれどすべての大人がそうではない

【悪いのはむこうだ】
・失敗したあなたが悪いのではなくそれを理由にいじめた周りが悪い
・学校の先生が親に貢物を求めるのは犯罪だから無視していい

【無理しなくていい】
・お金のことは悩まずのんびりやれ
・学校生活に集中しろ
・やりたくないことはしなくていい
・今の自分でいい
・周りの人に合わせなくていい
・学校は行かなくていい
・友だちは作らなくていい
・わからないものは無理してわかろうとしなくていい
・いやなら外に出て遊ばなくていい

第41回　今だったら学校という集団の中でどう過ごす？

・**集団から離れる（心理的／物理的）**
例・学校に行かない
・堂々と一人で過ごす

・**うまく（？）過ごしたい**
例・教室の後ろで菓子パン喰ってる人になりたい
・放課後にお茶とお菓子を楽しむリア充生活
・透明人間になったつもりで観察
・不利な状況でも立ち回れるスキルの訓練
・**環境（制度・支援者）に変化してほしい**

図７　過去の自分へのメッセージ（おとえもじて当事者研究会会報より作成）

間で、なんとか生き延びるための言葉が並んだように思われた。

また、今だったら「集団から離れる」という意見と、「うまく（？）過ごしたい」という意見に大きく二分したことも印象的だった。いずれの意見からも、かつてそうではなかった過去に思いを馳せることになり、せつなく感じた。

一番の願いは「環境（制度・支援者）に変化してほしい」というものであることは言うまでもない。学校を支配する秩序やルールそのものが見直されなければ、私たちの小さな仲間たちが学校で抱える生きづらさは終わらないのである。

7 校則に内在する性規範

増原裕子

1 性規範に追いつめられる子どもたち

(1) なぜ学校でトイレに行けないのか

学校でトイレに行けずに、身体的にも精神的にも苦しい思いをしている子どもたちが一定の割合で存在していることをご存じだろうか？ 出生時に割り当てられた性別とは性自認が異なるトランスジェンダーの子どもたちの中で、トイレ利用について困難を抱えている生徒は非常に多い。トランスジェンダーの人たちが学校生活をふりかえったときに、最も苦しかったことの一つに挙げられるのがトイレだ。

男子生徒だけれども、自分の認識としては女の子（MTF：Male to Female）だという生徒が、男子トイレを使うこと自体も、また男子トイレを使っている自分を見られ「男子として認識されること」も相当に苦しい。女子生徒だが、性自認が男の子（FTM：Female to Male）だという逆の場合も同様だ。

そうするとできるだけトイレを我慢してすごすが、それでもトイレに行きたくなった場合には、「なるべく見られないようにダッシュでトイレに行った」「忍者のようにこそこそと行った」「基本的に学校ではトイレに行かないようにして、水を飲まないようにしていた」

「こっそり教員用のトイレを使った」「ほかの生徒に見られたくないから授業中にトイレに行くようにしていたが、よく先生に注意された」など、それぞれが工夫をしながらなんとか折り合いをつけていたことを、当事者たちのヒアリングで聞いた。「トイレに行けなくてどうしようもなくて、小学校ではときどき授業中に漏らしてしまった」「学校からの帰り道でよく漏らしていた」などの悲しい体験にはほんとうに胸が痛む。

当事者性がない人からすれば、「なぜそこまで我慢するのか。希望する性別のトイレを使いたいと言えばいいのではないか」と不思議に思うかもしれない。だが、中塚幹也岡山大学教授の調査によれば、岡山大学ジェンダークリニックを受診した性同一性障害（トランスジェンダーの中でも、とくに医学的な診断基準を満たした人）の当事者1167名のうち、性別違和感は物心がついた頃から始まるケースが多く、8割が小学生までに性別違和感を自覚していた。そして、「小学生の頃に性別の違和感を言葉で告白（カミングアウト）できたか？」について、2012年のデータではMTF（生まれは男性、性自認は女性）の93・5%、FTM（生まれは女性、性自認は男性）の82・0%、つまりほとんどの子どもたちは伝えることができていなかったことがわかる（中塚幹也『封じ込められた子ども、その心を聴く　性同一性障害の生徒に向き合う』ふくろう出版、2017）。

自分の気持ちや違和感、苦しみを抑え込んでしまう理由としては、子どもであるがゆえに自分自身の違和感についてよく理解できていないケースも多いし、誰にもわかってもらえないという気持ちや、「オカマ」などの言葉でいじめられるのではないかという恐怖がある。また、子どもながらに「フツー」の枠からはみ出ることが怖いという感覚や、絶対にバレてはいけないと思い込んでいる場合もある。子どもたちに、こんなふうに自分らしくあることを封じ込めてしまう強制力となって働いているのが、男女の性別と、「男らしさ」「女らしさ」をゆるぎないものとして押しつける性規範である。

(2) 学校を支配する性規範という暗黙のルール

性別は男女にきっかりと分かれていて、性別を越境したいと願う子どもたちの存在も、男女の二元論に当てはまらない中性などの性自認を持つXジェンダーの存在も、性規範においては想定されず、むしろ規範を乱す存在として排除されてしまいがちだ。

男の子は男の子らしく、女の子は女の子らしく、というような **「らしさ」の押しつけも含めたこのような性規範は、学校生活全体を貫く「暗黙のルール」** となっている。そして、**校則や先生たちの指導もこの「暗黙のルール」を大前提としている。** 前提というようなレベルではなく、現状では「大」前提と表現したほうが良いだろう。もちろん、これは学校だけの問題ではない。社会全体が性規範に縛られている状況において、学校も例外ではないということだ。

あまりにも当たり前だと思われすぎていて、性規範に関わるもので校則に明文化されていない項目も多い。前述のトイレを例にとると、仮に「授業中にトイレに行ってはいけない」という不合理なルールがあったとしても、「男子は男子トイレを、女子は女子トイレを使うこと」などという校則は聞いたことがない。疑う余地もなくそうするものだと思われてきた慣習だからだ。

性規範は、その枠組みから外れる子どもたち自身も、育ってきた環境の中で、親が発する言葉や、テレビや絵本の中の表現を通じて内面化している。それゆえに、本人たちもこの構造に気づかないままに封じ込められ、葛藤してしまうのだ。

ブラック校則は、ただでさえ子どもたちにストレッサーとして深刻な人権侵害や精神的な抑圧を生み出しているが、ブラック校則自体も性規範という強固な土台に立脚していることが多い。性規範の枠におさまりきらないトランスジェンダーやXジェンダーの子どもたちは、二重にも三重にもストレスを抱えこんでしまい、誰にも相談できずに、人知れず悩みを深めている場合も少なくない。自分が苦痛を感じる性別で性規範を押しつけられることは、想像を絶する苦しみだと当事者たちの切実な声を聞いて感じる。

なお、LGBT（性的マイノリティ）全般に話を広げると、恋愛や結婚は男女の間の異性愛が唯一で絶対のあり方とする「異性愛規範」も大きな課題として学校の中にも存在する。異性愛規範は、自分の性別やジェンダーに関する性規範とセットで、学校を支配する暗黙のルールを構成している。好きになる相手の性別を示す「性的指向」におけるマイノリティである、同性愛や両性愛などと異性愛規範については、直接的に校則に関わることが少ないため、ここでは性規範の一つとして言及するにとどめておく。

さて、性規範によって苦しめられるのは、トランスジェンダーやXジェンダーの子どもたちだけだろうか。生まれの性別と性自認が一致していたとしても、例えば好きな洋服や色、髪型、おもちゃやアニメなどの好みについて、「女の子らしくない」として周りの大人が無意識のうちに矯正するような言動をしていることはないだろうか。性自認や性的指向がマイノリティでなかったとしても、ピンクが好きな男の子に対して、「男の子なんだから、ピンクじゃなくて青のほうがかっこいいよね、〜〜くん」というような会話を聞いたことがあるのではないか。こうした一つひとつの会話や、言葉に発せられないレベルの無意識の行動や視線などを子どもたちは周りの大人たちから察することで学習し、「常識」として刷り込んでいく。**男の子らしく、女の子らしくというテンプレートから逸脱してはいけないという常識は、いつしかそこに違和感を持っても表明してはいけないという同調圧力として、個性を封じ込めてしまう力を持つ。**

校則を性規範の観点から眺めてみると、当然のように「男子」「女子」に分けて決められている項目も多くある。これに関連する代表的な校則は、制服をはじめとする服装と髪型だ。そこには性に多様性があることが一般的に想定されておらず、トランスジェンダーの子どもたちが学校に通えなくなってしまうこともあるほど、大きな困難として立ちはだかる。

2 トランスジェンダーと校則

(1) 制服が着られず不登校に

MTFトランスジェンダーのAさん(30代)は、学生時代をふりかえってこう語る──「学校生活で一番苦しかったのが学ラン。着ることもそうだけど、それより、着ている姿を見られたくなかった。制服が嫌で、高校1年生で不登校になった。その後、制服のない通信制で再び学校に行けるようになった」と。

FTMトランスジェンダーのBさん(20代)は、「高校はブレザーでスカートとズボンが選べるところ、という基準だけで選んで決めた。ほかに選択肢はなかった」と話す。

制服は男子は学ラン、女子はセーラー服というように、男女の差が目に見える形で表れる。ブレザーの方が制服の男女差がまだ少ないということで、トランスジェンダーの生徒にとっては「まし」な選択肢として捉えられているという話を聞く。男子と女子の制服で比べると、Bさんのケースのように、女子の制服はトランスジェンダーへの配慮でなくとも、寒さや痴漢対策の一環で、スカートだけでなくズボンを選べるような校則になっている学校も、数は少ないがある。そういう意味では、FTMの生徒の方が、MTFの生徒よりも、まだ選択の余地が残されていると言える。

Aさんのように、制服などが理由で不登校になってしまうトランスジェンダー生徒は、宝塚大学の日高庸晴教授の調査によれば、生涯経験率でMTFで33・1%、FTMで34・7%となっており、一般的な不登校経験率の数%に比して有意に高い（「LGBT当事者の意識調査」2016）。

定時制に通う現役高校生のCさんは、性別の違和感や制服の経験についてこうふりかえる。Cさんのセクシュアリティは、生まれの性別は女性で、性自認について悩みや揺れがあり、自分を「性自認迷子」と表現している。

小学校に制服があった。性別の違和感があり、5年生のときに制服について考え出した。先生に聞いても「そういう決まりだから」という答えで納得できなかった。

中学校では制服に加えて、男女別の着替えに苦痛を感じ、「女子生徒」として扱われることが嫌だった。

中学1年の途中から3年の初め頃まで不登校に。理由は制服と、おそらく学校生活が原因の体調不良。自傷もしていて、自傷理由について体育の先生に聞かれたときに制服のことも話していて、先生からは「男になりたいの？　それだったら辛いんだろうけど、そうじゃないなら良かった」「決まりだから受け入れろ」と言われた。

改善につながるきっかけは、中3の修学旅行。「スカートで観光地に行くのがイヤだ。スカートだったら修学旅行に行かない」と言ったら、担任がズボンで行くことを認めてくれて、とても安心した気持ちになった。

不登校の時期が長く、成績の問題で行ける高校は少なかったが、全く制服がないのが今の定時制だけで、もうここしかないと思ってすぐに決めた。今は制服も校則も全くないのでだいぶ楽。トランスジェンダーの子も学校に多い。ただ、学校の選択肢は本当はもう少しほしかった。

男女分けに関わらず、もっと学校の対応に柔軟さがあってほしかったと思う。修学旅行のときのズボンはそういうふうに受け入れてもらえた初めての経験。もっと早ければ、もうちょっと普通に学校に行けていたかもしれない。制服が選択制になっていれば、もちろん少し助けになる。男女別しか選択肢がないから大変だった。

教師の「男になりたいの？　それだったら辛いんだろうけど、そうじゃないなら良かった」という発言は、もしかしたらCさんがはっきりと男子という性自認を持っていたら違う対応だったのかもしれないと感じさせる。Xジェンダーのような、性別の二元論に当てはまらない性のあり方の想定がなく、無理解がCさんを追いつめてしまった。前述の日高氏の調査で、Xジェンダーの不登校経験率は約27％であり、やはり高い割合だ。

トランスジェンダーやXジェンダー生徒の経験として、男女に分かれた制服と柔軟性のない指導により、不登校になる、私服の定時制に通う、制服のみを理由に学校を選ぶ、海外に留学するなど、進学や学校選択のオプションが、性規範により大幅に狭められている現実が浮かびあがる。

あるいは、不登校にはつながらなくても、「制服がずっと嫌だったけど、それが当たり前だと思って我慢していた」「バレるのが怖くて、スカートの下にジャージを着てなんとかしのいだ」というように、相当なストレスを感じていたことがうかがえる。

(2) 髪型の校則にも性規範が色濃く反映される

髪型の決まりについては、トランスジェンダーの生徒はどんな経験をしているだろうか。前述のMTFトランスジェンダーのAさん（30代）は、小学4年生のとき、男の子は耳が出るくらい短くしなければいけないということで、それまでおかっぱくらいの長さに伸ばしていた髪を理髪店で短く切って、「なぜだかわからないけどわんわん泣いた。それで性別の違和感に気がついた」と語る。同じくMTFのDさん（20代）は、丸刈り校則が残っていた中学校に通っていた。「校則指導で、男子は頭に指を通して、指から髪の毛が出る長さだとダメで、注意されても改善しないと強制的に刈られた」と辛い経験を話す。

想像してみてほしい。もし女子生徒が校則で無理やり丸刈りにさせられたとしたら、どんなふうに感じるだろうか。好んで坊主にしたい子であれば別だが、ほかの子と同じように髪の毛を伸ばしたいという思いがある場合には、相当に辛い経験となる。とくに読者が女性の場合には想像しやすいはずだ。ＭＴＦのトランスジェンダーの場合、はたから見れば男子生徒かもしれないが、本人の感覚としては女子なのだ。性自認が尊重されない校則や厳しい指導は、トランスジェンダーにとってこのような苦しみとなって降りかかってくる。

性規範には男女差もある。男子が髪を伸ばすことに対して、とくに学校現場では許されない風潮があるのに比べて、女子は髪が短くても「ボーイッシュな女の子」というジャンルが確立されている。女子は髪が長い場合にツインテールにするなど結ばなければいけないという校則があったりするが、「女子の髪が短すぎてはいけない」というルールがあるところは少ない。ＦＴＭトランスジェンダーの場合は、ベリーショートや男子のようなスポーツ刈りにすることで、制服は我慢するが髪型を希望の長さにしてバランスを取っていたという声も多く聞かれた。

髪型についてはＭＴＦの方が締めつけが厳しいことが当事者たちの声からわかる。自認の性とは違う、生まれの性別で「男子はこうあるべき」という規範を無理やり強いられることは、学校生活の困難をさらに深めてしまうことになる。

(3) 選択肢を増やす学校の実践

これまで見てきたようなトランスジェンダーやXジェンダーの生徒の苦しみを緩和しようと、さまざまな観点で選択肢を増やす学校づくりが広がってきている。例えば、性別を問わずに使える、男女共用の個室トイレを新たに設けるという取り組みもその一環だ。トランスジェンダーにかぎらず、男子生徒で個室に入るとからかわれるというような悩みの解決になる場合もあるだろう。もちろん、男女共用のトイレがあったとしても、周りに知られてはいけないと感じていたり、絶対にバレたくないと思っているトランスジェンダーの子どもであれば、それを使うことがカミングアウトにつながってしまいそうで、怖くて使えないという難しさもある。だが、使えないとしても選択肢が増えるのは安心感につながるのではないか。

千葉県柏市に2018年4月に開校した、市立柏の

図1　柏市立柏の葉中学校の制服（提供：トンボ学生服）

葉中学校では、制服の選択肢を増やしたことで話題を集めた。公立中学の制服は、男子が詰め襟の学ラン、女子はセーラー服というところが多いが、女子の寒さ対策や性的マイノリティの生徒などへの配慮として、同中学は男女とも性別に関係なく、ブレザーにスラックス（ズボン）かスカート、ネクタイかリボンを選べるのだ（図1）。望みの性別の制服が着られないで苦しめられてきた生徒にとっては、制服の幅が広がることで救いになる。これまでも、女子の制服についてはズボンを選べる学校もあったが、男子も含めて制服の選択肢を広げたことは、制服という枠組みの中における実践としては画期的だ。

制服決定のプロセスにも注目したい。市教育委員会では、学校関係者や保護者、生徒を含めた検討委員会を立ち上げ、アンケート調査や協議の結果をふまえて、今回の制服の方針を決めた。社会の変化の中で、制服のあり方を見直す民主的な合意形成とその結果としての「選べる制服」の導入は好事例と言える。

選択肢を広げたとしても、トランスジェンダー自身が抱える内面化した性規範やいじめられてしまうかもしれない恐怖から、実際にはすぐに使える生徒ばかりではないだろう。そうだとしても、学校が男女の二つだけの性別に加えて、ジェンダー・ニュートラル（性別における中立）な選択肢を増やすということは、性規範に苦しむ子どもたちへの配慮や、そういう子どもたちを救いたいというメッセージを発信していることになる。彼ら彼女らは、見えづらいけれど存在しないのではなく、存在しているという前提に立って、一人でも多くの子どもが自分らしく学校生活を送れるように取り組む姿勢は、教師にとっても子どもたちにとっても、性の多様性について考えるきっかけになる。

3 性規範から自由になるために

(1) トランスジェンダーへの合理的配慮

ここまで見てきたように、学校現場においては、校則や指導のすみずみまで、性規範が強固に浸透している現実がある。性規範は誰が形成し支えているかというと、ひとえにそこに関わる大人たちの意識である。子どもも、大人たちの言動からその性規範を取り込んでしまい、自らを苦しめていることがある。この根強い性規範をゆるめていくためには、まずは大人たちの意識に働きかけていくしかない。

それは、**生徒をカテゴリーや属性でくくって一律に対応する考え方を薄めて、一人ひとりの個性に目を向ける考え方**だ。それぞれの生徒の特性に応じて良いところをのばしていくという、教育の本質に立ち返ることが今求められているのではないだろうか。

トランスジェンダーやXジェンダーなど、性自認が生まれたときに割り当てられた性別とは異なる子どもたちにきめ細かに対応していくために、教師にまずお願いしたいことは、性の多様性の知識を身につけることだ。前提として、既存の性規範でははじかれてしまう子どもたちが一定の割合でいるという認識を持つだけでも、実際に該当する生徒が目の前に現れたときの対応は自然と変わってくるはずだ。

これらの生徒への対応にあたっては、**「合理的配慮」**という考え方が参考になる。個別のニーズに対して、教師や学校にとって過度な負担とならない、実現可能な配慮や支援のことだ。トランスジェンダーといっても、一人ひとりの状況やニーズは多様だ。トランスジェンダーの生徒には一律にこのように対応しよう、という姿勢では、個々のニーズを適切に受けとめた対応は難しい。学校の中で制服や髪型、トイレなどの男女分けが原因で困りごとを抱える子どもから相談があった場合には、まずは丁寧に寄り添って話を聞き、学校としてすぐに対応できること、時間はかかるが対応できそうなことや、ほかの生徒との調整が必要なことなどを一つひとつ整理しながら、落としどころを見つけていく方法が望ましい。その際に性規範が邪魔しそうになったら、生徒のニーズに対応するのに障害となる規範をいったん「保留」して考えてみることも有効だろう。

(2) 性的マイノリティの味方「アライ」の教師を増やすことが課題解決の鍵

トランスジェンダーやXジェンダーを含む性的マイノリティの子どもたちも安心してすごせるような学校環境を整えていこう、という気持ちがあり、実際に行動する教師のことを、英語の「Ally」（味方、同盟の意）を語源とする**「アライ」**の教師という言葉を使って呼んでいる。アライとはひとことでいうと、性的マイノリティの味方だ。既存の性規範にとらわれず、柔軟な発想を持って、生徒一人ひとりの多様性に向き合い、悩みや困難があれば寄り添って解決に導いてくれる存在と言える。

学習指導要領において性の多様性が盛り込まれていない現状では、教師個人の意志と意欲によるところが大きいが、性規範に苦しめられる生徒を救ってくれるアライの教師や学校が増えていくことを期待したい。

第3部

ブラック校則をなくすには

学校は、ことさらに生徒を苦しめようとしているわけではない。教師の超過勤務が常態化する中、学校の価値観が更新されず指導が続いていることが、苦しみの原因の一つといえる。だから問題の解消には学校の糾弾ではなく、校則への考え方を変えていくことが必要だ。同時に、子どもの生活に深く関わる校則の決定・運用が学校のみに限られている現状を変え、学校の風通しを良くしていくことも求められる。

第3部では、こうした校則をめぐる考え方や、保護者・教師らの視点から見た校則の功罪を問いなおす。多様な価値観やアクターの観点から校則を見直すことが、理不尽なブラック校則や指導をなくす大きなインセンティブとなるはずだ。

8

制服の「あたりまえ」を問いなおす

内田康弘

1 私たちの内にある制服の「あたりまえ」

(1) 「アルマーニ制服問題」が明らかにした「視野の狭さ」

東京都の公立小学校での、アルマーニ社のデザインを用いた制服導入とその問題をめぐる報道は、私たちの記憶に未だ新しい（ハフポスト「公立小「アルマーニデザインの標準服」を導入 校長の独断、全部で9万、親から批判も」2018/2/8 https://www.huffingtonpost.jp/2018/02/07/schooluniform_a_23355576/）。

報道では、主に「アルマーニ」というブランド名やその価格、公立での「特認校」制度などがクローズアップされた。こうした流れを受け、世論でも、高級ブランドによるデザインの是非や、義務教育段階の公立学校での制服の必要性など、主に家庭の金銭的な負担を軸としながら、その問題性が論じられていった。

確かに、制服に対する家庭の金銭的負担について、近年、改めて議論すべき課題があるのかもしれない。しかし、冷静に考えてみると、今回の事例の場合、そもそも本質的な「問題性」は、それとは別の部分にあるのではないだろうか。

筆者は、同校での制服導入の「プロセス」にこそ、考えるべき論点があるように思う。

記事によれば、同校では2015年頃から新しい制服の検討を始めたにもかかわらず、入学希望をもつ児童の保護者に対して、制服切り替えの公表がなされたのは、入学の約半年前の2017年9月だった。児童やその保護者と学校側との話し合いが十分に行われることなく、ほぼ校長の独断によって、新しい制服の導入が決定された、とのことである。

ここから、制服の切り替えに関する意思決定プロセスが必ずしも明瞭ではなく、児童や保護者との十分な合意形成が行われなかった可能性を考えることができる。

例えば、制服を切り替える際は、校長や教職員などの学校関係者だけでなく、入学する児童生徒やその保護者、ときには近隣の地域の人々も交えながら、幅広い視点を持って、その素材やデザイン、価格や任意購入の範囲などを話し合うことが重要だろう。

こうした**一連の意思決定プロセスが不明瞭であったこと**こそ、最も議論される必要のあった「問題性」ではないだろうか（なお、金銭的な負担についても、本来、こうした意思決定のプロセスにおいて十分に議論される必要のあったテーマだと筆者は考える）。

また、制服本来の役割や意義がほとんど問われることなく、メディア報道や世論が〝熱を帯びた〟状況そのものも、冷静に考えたい論点の一つである。

たとえば、繊維科学の観点からすれば、制服には、実用性の高い機能的な衣服という特徴がある。また、社会学の観点からすれば、例えば家庭の経済的負担の軽減や、学校運営及び生徒指導上のツールといった役割がある（詳しくは後述する）。

しかし、この「アルマーニ」の事例の報道では、高級ブランドの是非や制服必要／不要論などが語られるばかりだった。そして、こうした制服の役割と意義に基づく本質的な議論は、ほとんど交わされることはなかった。

これらの背景には、実は、私たちが無意識のうちに信じ込んでいる、制服に対する何らかの「あたりまえ」認識があるのではないだろうか。また、このような「あたりまえ」認識に基づく思い込みが、私たちに対して、制服のもつ重要な役割や意義を見落とさせている可能性はないだろうか。

(2) 本章の目的とねらい

本章では、こうした問題関心に基づきながら、私たちの多くが高校を卒業するまで「あたりまえ」に着ていた制服について、まず社会的な機能を整理し、次にその意味合いの歴史的な変化を追いながら、その役割や意義を改めて考えていく。このプロセスを通じて、現代の学校ではどのような制服の在り方が求められるのか、そのヒントを探るとともに、今後、私たちが制服に対してどう向き合っていけばよいか、一つの方向性を考えていきたい。

なお、学校制服は、「基準服」や「標準服」、「授業服」など、様々な呼称が用いられることが多い。本章では、便宜上、それらをまとめて「制服」と表現する。

2 正装＝特権としての制服とその「魅力」

「なぜ制服を着るのか」――筆者はこれを、学校社会で「あたりまえ」と思われてきたがゆえに、実はその役割や意義が見落とされがちな、重要なテーマだと考えている。

高校の卒業式を迎えるまで、ほぼ毎日「あたりまえ」のように着られていた制服は、ひとたび年度が替われば、すぐさまただの〝コスプレ〟に様変わりしてしまう。一方、多くの社会人にとっての制服であるスーツでは、こうした現象はほとんど見られない。

制服の着用をめぐって、とても興味深い点は、**制服が、時間的・空間的な限定性を持つ衣服**であることだ。そうした特殊な意味を持つ衣服だからこそ、制服には多くの人を巻き込む**「魅力」**があるのだと考えられる。

例えば、テーマパークに行く際、また、ハロウィンや同窓会などの催し物の際、どうしてSNS上には、学校を卒業したにもかかわらず、再び制服を着て楽しむ様子の写真や動画の投稿が増えるのだろうか。一つの考え方として、そうした場所やイベント空間は、高校卒業後も制服を着ることが〝許される〟数少ない機会である、ということがあるかもしれない。

制服は、私たちが普段、そっと胸の奥にしまっている学生時代の思い出を呼び起こす（呼び起こしてしまう）ものである。また、制服を眺める／着ることで、現在の自分と学生時代の自分とを重ね合わせ、懐かしさを感じられるという側面もある。これらの「魅力」によって、私たちのなかでは制服に対する願望がふいに高まり、そうした数少ない貴重な機会に、再び制服を着用するという現象が起きるのだと推察される。

つまり制服とは、中学生や高校生にとっての正装であると同時に、時間的・空間的な限定性に基づく「魅力」を持つ衣服でもあるため、**中高生がそれを着ることは「あたりまえ」であり、同時に「特権」でもある**という認識が、おおかた共有されている。

このように、現代社会では、制服に対して何らかの意味づけが行われるとともに、制服を着ること自体が何らかのメッセージを発している（＝シンボルとして作用している）可能性がある。そうであるにもかかわらず、私たちはこうした実態に、日頃、あまり自覚的でないのかもしれない。

よって、制服の持つ多様な役割や意義を理解するためには、一旦「当たり前」から距離を置き、制服を着ることをめぐって日常的に共有されているメッセージや、そのメッセージがもたらす役割（機能）について、詳しく理解する必要があるだろう。以降では、制服の社会的な機能とその意味合いの歴史的な変化について、それぞれみていくことにしよう。

3 制服の社会的機能：実用的機能と心理—社会的機能

それでは、実際、制服にはどのような役割が備わっているのだろうか。ここでは、制服の機能を明らかにした研究を取り上げながら、その多面的な役割を整理していこう。

ここで重要なのは、制服には、①着心地や安全性など「被服」としての**実用的な機能**と、②仲間意識の形成や逸脱行動の防止など、組織集団の「ユニフォーム」としての**心理―社会的機能**（学校運営や学校生活にネガティブな影響を与えうる**逆機能**も含む）という、異なる二つの側面が備わっていることである。

(1) 制服の実用的機能

まず、先に述べた実用的機能・心理―社会的機能という二つの側面について、西川正之氏による分類と解説をもとに紹介していこう。（西川正之「制服についての社会心理学的考察」日本繊維製品消費科学会『繊維製品消費科学』第40号（7）、17-23頁、1999）。

彼によれば、制服の実用的機能は、「着用性・快適性」「活動のしやすさ」「安全と衛生」「取り扱いの利便さ・耐久性」の4つに分類される（同、18-20頁）。

制服は、学校で長時間着用しても疲れにくいことが重要である。よって、優れた着用感を提供することや、体温を調節することが求められる（＝**快適性**）。また、制服はほぼ毎日着用する衣服であり、一日の主な活動時間を過ごすものでもある。そのため、通学や学習など様々な活動をスムーズに行えること（＝**活動的機能性**）、人体保護など安全や衛生の度合いが高いこと（＝**安全性**）、そして、汚れにくく丈夫な素材であること（＝**耐久性**）、なども、制服の機能を支える重要な要素である。

こうして制服の実用的機能を考えてみると、私たちが毎日「あたりまえ」のように着ていた制服は、繰り返し着用することを前提として、より実用性の高い衣服となるよう、様々な機能性が緻密に計算されてデザイン・製造されていることがわかる。なお、繊維科学や家政学の観点からは、衣服の実用的機能（＝性能）に関する知見が数多く積み重ねられており、例えば、伸縮性や吸水性、通気性や摩擦強度などが、数々の実験を用いて研究されている。

(2) 制服の心理―社会的機能

また、制服には、それ自体がもつ**独自のメッセージ**（心理―社会的機能）がある。これは、制服を着ている人とそうでない人との日常的なかかわり（相互作用）を通じてやりとりされ、形づくられていくものである。例えば、次のようなケースを考えてみよう。

街中で制服姿の学生を見かけた際、その時間帯によっては、「あれ、学校は？」と思うことがあるかもしれない。私たちはなぜ、このような違和感を持つのだろうか。

これを紐解くヒントとして、制服およびそれを着た人が発するメッセージに着目しよう。制服を着た人は、「制服を着る＝学生である」というメッセージを暗黙のうちに発信している。そのメッセージを受信した私たちは、「学生である＝昼間は学校に居るもの」と解釈する。こうして送受信されたメッセージと、「昼間に学生が街中に居る」という目前の光景との間に矛盾を感じ、それが違和感となって表れる、という仕組みである（ただし、実際は定期考査中や、定時制・通信制高校の生徒など、多様なケースがあることに十分留意したい）。

制服のもつ心理―社会的機能について、西川氏は、「連帯化」「斉一化」「組織イメージの呈示」「社会的アイデンティティの確立」の四つを示した（同、19-22頁）。

連帯化とは、組織に所属する人々が統一した制服を身に着けることで、仲間意識が強化されることであり、組織内部の結束を強める働きをもつ。たとえば、複数の学校の生徒が集まる合同イベントで、同じ制服を着た自校の生徒同士が、仮に学年やクラスが違う状態でもみんな固まって行動しがちなのは、この働きによるものである。

斉一化とは、その組織内の全ての人々に制服を身に着けさせようとする働きであり、場合によっては、一種の圧力として、それを着た人々の行動に影響を及ぼすものである。たとえば、制服を着てゲームセンターやカラオケなどのレジャー施設に行くと、学生だというメッセージが伝わるため、立入制限時間までには帰らなくてはいけないというプレッシャーが生じるのは、こうした働きによるものである。

組織イメージの呈示とは、制服を通じて自分たちの組織が他の組織とは異なるということを意識し、自分たちの校風を伝えたり、イメージアップを試みたりする行動のことである。「〇〇高校の制服はかわいらしい」や「××中学校の生徒は身だしなみが整えられていて、落ち着いている」といったメッセージは、こうした働きから生まれるものである。

社会的アイデンティティの確立とは、自分の所属する集団（準拠集団）や対人関係、社会的役割に応じて、自分がどのような存在であるのか、アイデンティティが明確化され、その存在意義が確立されることである。制服を着ることで、学生であるというメッセージが発信されることに加え、その制服の着こなし方を通じて、例えば学校やクラスで自分はどんなキャラクターや役割を担っているのかが表現される、というものである。

野村満里子氏によれば、制服は学校運営において、生徒たちに**学校への帰属意識を持たせること**が可能であり、学校の構成員としての認識（スクールアイデンティティ）や規範意識を持たせることが期待できるという。また生徒指導の面では、生徒の突飛な服装を防止できるとともに、学校外で自校の生徒を容易に見分けることが可能となり、**問題行動のブレーキ**という役割をもつ。さらに、生徒の観点からは、衣服による生徒間での差別阻止が可能となり、生徒同士の**公平感を維持する役割**がある（野村満里子「私立女子中学・高等学校の制服について」『日本私学研究所紀要　教育・経営編』第28号（1）、229-257頁、1994）。

ただし、こうした心理―社会的機能は、必ずしもポジティブに働くだけではない。社会学者のマートンによると、ある事象のはたらきには、他の事象にプラスの影響を与える「順機能」と、マイナスの影響を与える「逆機能」の両側面がある（Merton, R.K., 1949（＝森東吾・金沢実・森好夫・中島竜太郎〔訳〕）『社会理論と社会構造』みすず書房、1961）。たとえば、制服を着用すれば集団としての規範がより高まるかもしれないが、他方でファッションに対する個々の子どもの意識を狭めてしまう可能性がある（＝斉一化による逆機能）。またたとえば、制服を着ることである学校の生徒という見守りや扱いを地域社会から受けることができる一方、痴漢や盗撮といった性犯罪に巻き込まれる一定のリスクがあることも無視できない（社会的アイデンティティの確立による逆機能）。

このように制服は、実用的機能と心理―社会的機能といった異なる役割を持ちながら、円滑な学校運営や学校生活のための重要なツールとして位置づいている。

4 制服の意味合いとその歴史的な変化：制服の戦後史を概観する

次に、歴史的にみて、制服にはどのような役割や意義が与えられてきたのだろうか。戦後の日本社会での制服の普及過程とその意味合いの変化を、図1で表した。

図1を参照すると、制服が、「産業界（政府）」、「学校（教員）」、「生徒（保護者）」という複数の人々（行為者）によって、さまざまな意味が与えられてきたことがわかる。

(1) 戦後〜1950年代：産業復興・経済再建政策と制服普及環境の社会的整備

戦後の日本では、産業復興や経済再建の観点から、さまざまな経済政策が行われた。特に、外貨に頼らない内需拡大は急務だった。こうしたなか、繊維産業の復興という命題のもと、国を挙げて「合成繊維産業育成対策」（1953年）が推進され、制服の製造もその政策の一部として位置づけられた。この政策方針は、学校制服による内需拡大をもたらすとともに、全国的に学校が制服を制定する際の社会的な環境整備を推し進めることとなっていった（馬場まみ「戦後日本における学校制服の普及過程とその役割」『日本家政学会誌』第60号（8）715-722頁、2009）。

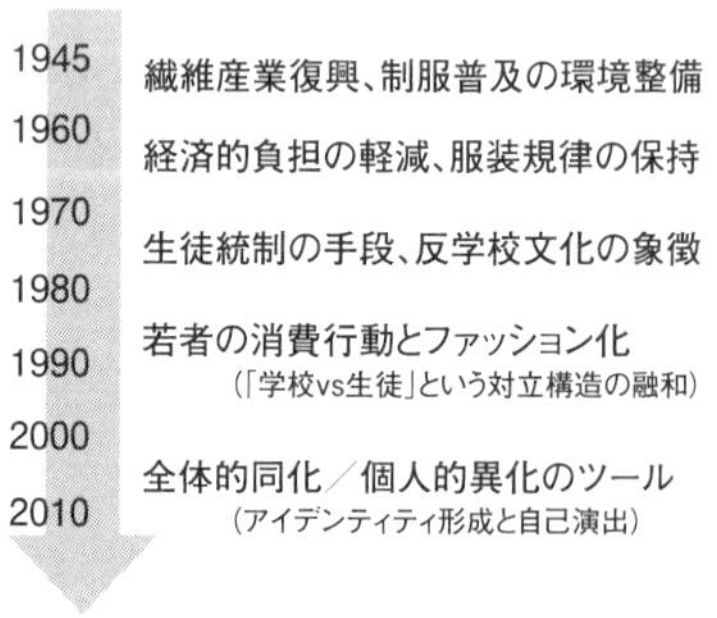

図1　戦後日本における制服の普及過程とその意味合い

(2) 1960年代：経済的負担の軽減、服装規律の保持

1950年代の学校制服による内需拡大によって、日本社会が徐々に経済的に豊かになると、高等学校のみならず中学校にも制服化の波が押し寄せた。馬場まみ氏によれば、公立中

学校で制服が導入された背景には、「経済的負担の軽減」と「服装の規律保持」という意味合いがあった。戦後すぐに発足した新制高等学校では、当初、その進学率は50％未満であった。ここでの制服制定の理由は、主にエリート意識や学校イメージ（校風）の呈示という心情的側面が強かった。一方、義務教育の公立中学校では、家庭の経済的負担の軽減および生徒指導における規律の保持といった実利的側面から制服が制定された。ここから、1960年代は、制服の役割の質的変化をもたらした転換点であると考えられている（馬場論文、717-719頁）。

(3) 1970年代～1980年代前半：生徒統制および反学校文化のツール

1970年代～1980年代は、少年非行が社会問題化した時代だった。その際、学校では「服装の乱れは心の乱れ」というスローガンのもと、児童生徒の非行防止を目的に、その服装や頭髪が厳しく指導された。学校（教員）側はまさに制服を、生徒管理や生徒統制のツールとして用い始め、制服着用の義務づけが強化されていった。

たとえば、公立学校では、男子は詰め襟制服、女子はセーラー服といったように制服着用が強制された。さらに、靴や靴下、名札やカバン、そして制服の着方や下着（の色）に至るまで、生徒心得という名目のもとで、その規制範囲は拡大を続けた（坂本秀夫『こんな校則 あんな拘束』朝日新聞社、1992）。

一方、生徒（保護者）側は、「制服拒否」や「制服自由化運動」によって学校側に対抗しようとした。また、ツッパリ（特攻）服やボンタン、スカート丈を長くするスケバンなどの「変形学生服」が考案され、大人社会や学校に抵抗するツールが編み出されていった。

こうして同時期は、主に生徒指導をめぐって、「学校（教員）vs. 生徒（保護者）」という対立構造が、制服をめぐる一連の運動で色濃く表現される時代でもあった。

(4) 1980年代後半〜1990年代：若者の消費行動とファッション化

一方、1980年代後半になると、制服は若者の消費行動と結びつき、「かわいらしさ」を追求するファッションとしての意味合いを帯びていった。

大学生やOLなど20代の若者を中心に「DCブランド」（デザイナーズ&キャラクターズブランド）が人気を集め、女子中高生の間でも、『anan』や『non-no』等の雑誌を介して、ブランド志向が形成された（東京民研［編］『女子中学生の世界』大月書店、1986）。

このようなブランド志向は、次第に学校内部へと入り込み、「制服おしゃれ」という言葉が登場した。制服は女子中高生を中心とした若者によってファッション（若者文化）の一部として消費され、さらには、自己表現のツールとしても意味づけられていった。

こうした生徒側の変化を受け、学校側も対応の変化をみせた。

たとえば、一部の私立学校では、DCブランドを制服デザインに取り込むことで、生徒統制や受験生募集を試みるところもあった。事実、女子中学生たちは高校を選択する際、制服のかわいらしさを一つの基準とするケースもあった（片瀬一男『ライフイベントの社会学』世界思想社、２００３）。

こうして、１９７０～１９８０年代前半に、制服を媒介として見られた「学校 vs. 生徒」という対立構造は、この時期、「かわいらしさ」を求める若者の消費行動（ファッション化）とその受容をキーワードに、同じく制服を媒介としながら融和していった。

(5) 2000年代～現在：全体的同化／個人的異化による自己演出のツール

制服が若者の消費行動の対象となり、学校との対立構造が薄まるにつれて、生徒たちは同じ制服を着ながら、細かい部分で他者との差異化を図るようになった。例えば放課後や休日に、女子中高生たちが、制服ではないけれども制服っぽさをもつ「なんちゃって制服」を身にまとい、自分らしさを演出しながら、街中を歩く様子が見られるようになった。

こうした背景には、制服によって私服への経済的負担が抑えられるなか、リボンやネクタイ、スクールバッグ、ブラウスやスカートといった、中高生のお小遣いやアルバイト代で賄うことが可能な範囲でのおしゃれを追求しようという心情がある。

彼女たちは、制服という枠組みを維持することで、中高生全体および同世代の友人集団になじむよう、「全体的同化」を試みる。それは、個人のファッションセンスが試されることや、仲間はずれにされるリスクの回避という側面も併せもっている。

一方、そうした生徒集団の内では、実はみんなと同じように見えながらも、自分だけの着こなしやおしゃれを追求して演出するという、「個人的異化」も同時に意図されている。一見、同じ制服のように見えても、ブラウスやカーディガンの色・デザインが微妙に違っていたり、スクールバッグが有名メーカーの既製品だったりと、そこには意図された微細な差異がある。

こうして制服は、個人と集団をめぐって二律背反《アンビバレント》な作用をもつ、自己表現ツールへと変化していった（山口晶子「若者文化としての学校制服――女子高校生の制服おしゃれに着目して」『子ども社会研究』第13集、62-71頁、２００７）。

なお興味深いケースとして、通信制高校のサポート校（通信制高校の生徒への学習・進路支援を行う民間の教育施設）での事例を紹介したい。サポート校には、全日制の高校から通信制高校に転・編入学した生徒が一定数在籍する。その中で、前に通っていた学校（前籍校）の制服を敢えて着用して登校している生徒がいる。これは前籍校の制服を着ることで、高校生への「全体的同化」を図りつつ、高校中退経験者としてのアイデンティティを示すことで「個人的異化」を試みるという意図に基づいていると考えられる（内田康弘「サポート校生徒は高校中退経験をどう生き抜くのか―スティグマと「前籍校」制服着装行動に着目して」『子ども社会研究』第21集、95-１０８頁、２０１５）。

5 これからの学校社会と制服：満足度の高い学校生活と合理的な生徒指導の実現に向けて

(1) 「理不尽な」服装規定がもたらす生徒／教員へのリスク

本章では、制服の持つ様々な役割や意義を、社会的な機能とその意味合いの歴史的な変化という観点から整理しつつ考えてきた。ここで制服が、生徒側にとってアイデンティティ形成のツールとして、教員側にとって生徒統制（生徒指導）のツールとして意味づけられていたことを踏まえ、「理不尽な」服装規定のもつリスクについて詳しくみていこう。

前述の坂本秀夫氏によれば、校則の中で最も詳しく厳しいものは、服装・頭髪規定であるという。事実、「ブラック校則をなくそう！　プロジェクト」の調査でも、学校時代六人に一人が下着の色を指定する校則を経験したという調査結果が明らかとなった。

ここで、冷静にこの状況を考えてみたい。あくまで仮定の話ではあるものの、校則や生徒指導規程に記載があるという理由で、このような服装規定に従って、生徒の下着の色が適切かどうか、各教員が目視で確認する（しなければならない）場合があるとしよう。

現代社会では多様な性的志向・性自認への理解が徐々に進んでおり、生徒たちの個性や人権の尊重が重視されている。それに伴い、制服の在り方や服装規定も少しずつ変化している。

こうした時勢のなか、服装規定の名のもとに、児童生徒の下着の色を目視で確認する行為が、各種ハラスメント行為に該当せず、むしろ生徒指導の一環として正当に説明されうるような合理的な根拠は、果たして存在するのだろうか。

改めて強調しておきたいのは、このような「理不尽な」服装規定は、**児童生徒の人権を侵害し、多様なアイデンティティ形成の機会を奪ってしまうリスク**があることである。また、児童生徒の学校生活の満足度や学校への適応にも影響を与えかねない。

さらに、これは同時に、**教員による生徒統制や生徒指導の合理性を失わせてしまうリスク**がある。「児童生徒のため」を思う真面目で実直な教員ほど、「理不尽な」服装規定と人権遵守の板挟みになり、生徒指導の面で苦しむことになってしまうかもしれない。

(2) 制服をめぐる近年の新しい変化

また、近年、制服を取り巻く服装規定について、様々な変化が起こっている。

ここで、地域産業と協働して制服を一新した事例を紹介しよう。岡山県の私立関西高等学校では、2018年度より、従来の詰め襟学生服からデニム生地を用いたブレザーへと制服を変更した（山陽新聞「デニムの新制服で関西高入学式　全国初『誇り持ち着こなして』」2018/4/10 http://www.sanyonews.jp/article/697307）。記事によれば、岡山県は国産ジーンズの発祥地で、その生産も盛んであることから、倉敷市の地元メーカーが製品化したという。これは、**統一性やデザイン性、機能性の高い制服の指定といった学校側の論理と、「地元産業のPR」という産業界の論理がうまく融合した事例**だと考えられる。

さらには、生徒や保護者の要望に十分配慮するため、学校と保護者が検討を重ねながら、制服を柔軟に選択できるようにした例もある。２０１８年４月に開校した千葉県柏市の市立中学校では、家庭の経済的負担の軽減やＬＧＢＴなど生徒の多様な性的志向への配慮、さらには寒さ対策や個性の尊重を目的として、性別に関係なく誰でも自由に選べる制服を導入した（詳しくは本書第７章）。これは、**生徒や保護者の要望に最大限配慮し、社会の変化にも柔軟に対応するという学校側の論理と、経済面や実用面、性的志向などさまざまな観点を有する生徒・保護者側の論理**とがうまく結びついた事例だと考えられる。

これらの新しい変化は、制服や服装規定が、決して変更不可能なものではなく、社会の変化に対応しながら、児童生徒や学校、保護者、地域の実情などに応じて柔軟に変更することの可能な、学校運営や学校生活のための重要なツールである可能性を、私たちに教えてくれる。

(3) 制服と真摯に向き合うこと

本章では、制服の社会的機能とその意味合いの歴史的な変化をそれぞれまとめながら、制服の役割やその意義の多様性について考えてきた。

　制服には、被服としての実用的な機能に加えて、仲間意識の強化や組織イメージの呈示といった心理―社会的な機能（学校運営や学校生活にネガティブな影響を与えうる逆機能も含む）が備わっていた。そして、歴史的にも、制服は経済的負担の軽減や生徒統制のツール、ファッションや自己演出のツールなど、人々（行為者）によって形づくられてきた様々な意味があった。

　大切なことは、単に制服の必要性の有無を問うこと（制服必要／不要論を展開すること）ではない。本章でみてきたような、制服の社会的機能や歴史的な意義を、それぞれ十分バランスよく踏まえながら、各学校の児童生徒や教職員、保護者、そして地域の人々が主体となって、社会の変化や学校および地域の実情、そして何より児童生徒の実態にあった、丁寧な議論と改善を重ね続けていくこと。そうした明瞭な意思決定のプロセスを経て、学校を取り巻く人々（行為者）の合意形成を行いながら、「理不尽さ」を可能な限り取り除いた服装規定や制服の在り方を模索しつつ、児童生徒にとって満足度の高い学校生活を、教員にとって論理的かつ合理的な生徒指導を、それぞれ実現すること。

　これからの学校社会を形づくる私たち一人ひとりに求められているのは、制服とのこうした真摯な向き合い方であると、筆者は考えている。

9

命を追いつめる校則

大貫隆志

1 校則に追いつめられ、生きる力を削がれる子どもたち

(1) 頭髪自由化委員会

中学生時代、私が我慢ならなかったのが、男子生徒は全員丸刈りという校則だった。

「なぜ男子は坊主にしなくてはいけないのですか？」

「ルールだから」

「なぜそういうルールなんですか？」

「坊主頭のほうが中学生らしいから」

「なぜ坊主は中学生らしいのですか？」

「へりくつを言うな！」

理屈にならない理屈をこねているのは教員だった。こんなルールはおかしいと思ったので、生徒会役員の有志で「頭髪自由化委員会」をつくった。手始めに、他校の事情を把握しようと隣町の中学校の生徒会宛に質問票を送った。すると後日、校長から呼びだされて、校長の許可なく他校に手紙を出すものではないと説教されることになった。

「生徒会活動は、生徒の自主的な活動だから、校長の許可はいらないはずですよね」

「それは学校内の話で、他校が関係することは校長の許可が必要だ」

話にならなかった。ルールは変えられなかったが、教員がきちんと物事を考えていないことはよくわかった。こんな大人にはなるまいと中学生ながらに思い、この気持ちを大人になっても忘れないようにと誓った。

(2) 学校、この不思議な空間

学校は、私にとってとても居心地の悪い空間だった。狭い場所に、たくさんの子どもたちが押し込められ、長時間椅子に座っていることを強いられる。それだけではない。さまざまなルールに従うことを強制される。このルールは、明文化されたものもあるが、暗黙のうちに従うことを強要される不文律もあった。

体罰が、肉体的な痛みよりも、自分自身の誇りを踏みにじられる苦痛、自分の価値を否定される痛みであるように、くだらない校則に従わざるを得ないこともまた、誇りを踏みにじられる痛さであり、自分を否定される痛みを感じるものだった。

私は、面従腹背ができるほど器用ではなかった。そのため、踏みにじられる痛みをうまくかわすこともできなかった。あれから半世紀近くを経た今でも、面従腹背のまねごとしかできないでいる。学校のくだらないルールに苦しめられる子どもたちが今もなおいること、そしてその苦しさで、生きることに絶望したり、心を深く傷つけられたりしていることを、学校を変えることができなかった者として大変申し訳なく思う。

(3) ルールのまえに存在が希薄になる子どもたち

なぜ、こんなルールが、認められるのだろうか？　学校には子どもが守るべきルールをつくる権利はあるのだろうか？　そして、そのルールに子どもは従わなくてはならないのだろうか？　ルールを守らなかったとき、子どもは罰を受けなくてはならないのだろうか？

学校のきまりを守らなかったからと「指導」を受け、そのことを原因やきっかけとして自殺をした子どもたちが、この国には少なからずいる。残念なことに、毎年二人から三人ほどの子どもが、こうした理由で新たに自殺している。これを**指導死**という。

私は、指導死遺族だ。こうした理由から、他の遺族や、指導に苦しむ子ども、その家族から相談を受けている。こうして、日本の学校や教員たちの様子を見聞きしていると、学校のルールのおかしなところに嫌でも気づいていく。

子どもたちが、学び成長する場である学校では、子どもの命の価値は二番目にすぎない。**学校にとって最も大切なことは、子どもがルールを守り学校の秩序が保たれていることのようだ**。ルールを守ることは、一人の人間としてとても大切なことで、だから子どもたちにもルールを守る習慣をつけさせなくてはいけない。それが何よりも大切なことだという空気が、学校に充満している。教員もまた、このアイデアを盲信しているかのように見える。

(4) なぜ教員はルールを守ることをこれほど重視するのか

その理由の一つは、保護者や社会からの要請にある。子どもたちがルールを守れるようにしてほしいと、保護者は学校に期待する。学校はその期待を受けて、子どもたちを厳しく指導する。厳しく指導してくれてありがたいと、保護者は学校に感謝する。学校はもっと期待に応えようと、子どもたちを指導する。この循環は、善意とともにある。しかし善意であるからこそ、子どもたちはここから逃げだせなくなる。そしてこの善意は、ときに子どもの生きる力を奪う。子どものための場から、主体である子どもが抜け落ちてしまっている。

さまざまなルールは、価値観のことなる多様な人間が、互いに尊重し合いながら生きるためにある。学校が、こうした目的を逸脱した特殊なルールを運用してよい空間であるはずはないにもかかわらず、子どものためという美しい言葉のもと、奇妙な発達を遂げたルールがまかり通っている。

それは、子どもたちを効率的に支配する上で都合がいいからに他ならない。子どもたちは、ルールを守ることを特別に強調されて、毎日を過ごす。ルールを守らないと叱られたり、なんどもやり直しをさせられたり、黒板に名前を書き出されたり、宿題を増やされたり、親が学校に呼びだされたり、いろいろな罰を受けなければならない。

ルールを守らないだけで、「悪い子ども」という見えない印をつけられ（けれども不思議なことに、この印は誰からでも見えるかのようだ）、「悪い子ども」として過ごさなければならない。

(5) 学校のルールは、子どもを排除するシステムとして機能する

ルールを守れなかった子どもは、「悪い子ども」という「見えない印」をつけられる。この印は誰にでも見えてしまうから、この子は学校で安心して過ごすことが困難になっていく。「悪い子ども」なのだから、また悪いことをするだろう。そんな視線に囲まれて毎日を過ごすことは、どんなに心の負担が大きいことだろう。

でも、この子は本当にルールを守ろうとしなかったのだろうか。守ろうとしたのに、うまくできなかったのかもしれない。ルールを守れなかった理由を言ったら聞いてもらえるのだろうか？「そうだったのか、それじゃ仕方がなかったね。今度から気をつけよう」と言ってもらえるだろうか。

子どもの言い分などを聞いていたら、今までのように効率的に（つまり教員の都合のいいように）子どもの管理や支配を行うことができなくなる。教員がそう考えたとしたら、子どもの言い分を聞くことなどしようとは思わないだろう。

学校のルールは、子どもを合理的に、時に自在に排除するための、学校の基本システムとして機能している。実際に起きた自殺事案から見ていこう。

2 「特別な指導」が生きる希望を奪う

(1) 東広島市立中学校の校則とその運用

２０１２年10月29日、広島県東広島市立中学校の2年生男子生徒が命を絶った。この生徒は、自殺の直前に複数の教員から指導を受けていた。そのため遺族は、「子供の自殺が起きたときの背景調査の指針」に基づく調査を学校に申しいれた。東広島市は調査委員会を組織、委員会は計9回の会議を行い、調査報告書をまとめた。その後、２０１５年6月に男子生徒の家族は東広島市を相手取って訴訟を起こした（原稿執筆時の２０１８年6月現在も係争中）。

以下は、報告書・訴状をもとに整理した当日の指導の概要だ。亡くなった生徒（以下A君）は、2年2組に所属していた。

A君はB君たちを笑わせるために、美術で使うC君が持参したカボチャを廊下に置いた。隣の2年3組の担任であるX教員がこれを発見し、教室にいた生徒に「これは誰の」と呼びかけた。C君がA君に対してカボチャを取りに行くよう求めたため、A君はX教員のもとへ行き「これはC君のカボチャです」と伝えた。するとX教員はC君を呼び寄せ、A君が廊下にカボチャを置いたことを聞きだした。X教員はA君を呼びつけ、その場で、「またお前がやったんか」、「あんたぜんぜん反省してないじゃん」、「また嘘をついた」などと声を荒げ「指導」を始めた。X教員の「指導」は、6校時終了後に始まり掃除の時間に入っても続いた。

その後A君は、掃除の時間にも「やばい」とずっと言っていたという。「死んだほうがええんかねぇ」とも言っていたようだった。

(2) ささいなことも複数回の指導が繰り返される

この学校ではささいなことでも複数の教員が繰り返し指導をすることになっており、特にA君の所属する野球部では、野球部顧問まで指導に関わることになっていた。X教員は、A君の担任Y教員にA君のことについて報告し、さらに、野球部指導者のZ教員にも話をし、A君の指導をゆだねると伝えた。

こうしてA君は担任のY教員からも指導を受け、その後、野球部の練習に参加する。X教員から「部活でもお願いします」と連絡を受けていたZ教員は、ウォーミングアップのランニングをしているA君を呼びだして、今日何があったのかを聞いた。野球部員たちは、この指導中にZ教員が机を蹴っていたことを目撃している。

Ｚ教員：何か言うことないか？

Ａ　君：休憩時間にＣ君の野菜で遊んでいて、Ｘ先生に怒られました。

Ｚ教員：一週間前にも同じことがあって、（大きな声で）変わってないじゃないか。何回、同じことやっとんじゃ。学校生活がきちんとできないのであれば部活をする資格はないわ。

Ａ　君：はい。もう一度やらせてください

Ｗ教員：もう知らんわ。出とけ、家に帰れ。

Ａ君は野球部の倉庫に一人で移動して中に入った。野球部顧問のＷ教員がグラウンドに来たので、Ｚ教員はＡ君の話を聞くよう依頼した。Ｗ教員が倉庫へ行くと、Ａ君はネット補修用のロープをいじっていた。いきさつを確認したＷ教員は、Ａ君が指導を理解しているような感じを受けたので、話を終えて下校を促した。

その後、Ａ君は、学校近くの公園で縊死した。使われたのは、野球部の倉庫にあったロープだった。

(3)　特別な指導という拷問

訴状によれば、当時、東広島市では「日本一の教育都市」になることを標榜する生徒指導方針が採用され、この中学校でも、簡易な注意を超える教育指導を行うときには、複数の教諭から繰り返し重ねて指導を行うことや、軽微な校則違反でも高校の推薦を取り消すといったことが行われていた。報告書に「特別な指導」という表現が散見されたが、同中学校の生徒指導規程には特別な指導について以下の記述があった。

第4条　頭髪については、次のことを指導する。
学習活動や運動等の教育活動に妨げとならない清潔かつ自然な髪型や長さとする。改善が見られない場合、特別な指導を行う。
第5条　化粧・装飾・装身具・不要物等については、次のことを指導する。
異装と判断される行為については、別室にて改善ができるまで特別な指導を行う。

「特別な指導」には三つの段階がある。段階指導の途中で問題行動を起こした場合は、より厳しい段階指導に移り、4カ月以上問題行動がなく努力が見られた場合には、より軽い段階指導へと移る仕組みだ。「特別な指導」の期間は基本的に1日から5日間。別室で反省や教科学習を行う「個別反省指導」、授業中や家庭での過ごし方を日誌につけ、学校、保護者が連携をもつ「授業改善ファイルによる個別反省指導」などがある。

A君は1年生の時に延べ5日間の「特別な指導」を受け、書き直しを含め10種類の反省文を書かされていた。また、亡くなる4日前にも半日間の「特別な指導」を受け、反省文を書いていた。A君は苦痛と屈辱に満ちた「特別な指導」を再び受けることを予測し、追い詰められたのだろう。ルールを、管理のためにだけ使うから、子どもの生きる力が削がれていくのだ。

3 私刑がまかり通る部活動の閉鎖環境

(1) 高校吹奏楽部の口伝の部則

学校に存在するルールは校則だけではない。部活動にも、校則並みのルールが存在する。もちろん、部活動内に自主的なルールがあること自体はさほど問題ではない。しかし、この**部則**を、生徒を管理するために顧問などが利用しはじめると、より強力な排除ツールとして機能する。

札幌市内の道立高校吹奏楽部には、先輩から口頭で説明を受け、後輩がそれをメモする方式で代々伝えられてきた口伝の部則があった。このルールには、日常や学校での行動・生活、部活動に対する姿勢、合宿での注意事項まで事細かに定められている。なお［　］内は筆者の補足である。

「赤点はとらない（2つ以上とると大会に出られない）」
「昼練はすぐできるように弁当は早く食べる（3・4、5・6［時間目］の間）」
「高文連［全国高等学校文化連盟主催の大会］・コンクール時、2・3年生と出場1年生は前に座る（バス時）」
「出ない1年生は私語をしない、寝ない（バス時）（具合が悪い時は先輩に言う）」

そして補足として、

「局［部］内恋愛禁止」「部活に私情を持ち込まない」「練習中に私情はダメ」
「ブログ、プロフ、モバゲー、グリー、m・i・x・i、ツイッター、フェイスブック禁止」

自主的なルールとはいえ、先輩・後輩の力関係に大きな差があり、さらに関係性の濃密な部活動内で、事細かなルールが厳格に運用されることは、生徒間の正しさ競争を誘発し、ストレスを増加させる。ルールを守っていない生徒に対しての、差別的言動を容認する背景要因となるのだ。

(2) 事実確認を怠った強圧的指導

2013年3月3日、この高校に通う1年男子生徒が、地下鉄のホームから飛び降りて命を失った。生徒は中学生時代から吹奏楽を始め、入学後は迷わずに吹奏楽部に入部した。意欲的に部活動に取り組む姿勢は、先輩部員も認めるところだった。程なく男子生徒は、1年生のリーダーを任された。しかし、これがきっかけとなり、一部の1年生部員から嫉妬されることになる。12月頃にはそのことに悩み、部活動を休みがちになっていた。

1年生男子部員Aは、男子生徒を快く思わない部員の一人だった。2013年1月26日、Aは男子生徒の部活動への参加態度を非難するメールを送った。このことから男子生徒とAはメールで言い合いになり、怒りのおさまらないAは、男子生徒からのメールを学校に提出した。このメールに「殺す」という言葉が含まれていたことから学校はこれを問題視し、男子生徒の指導を行った。男子生徒がメールにその言葉を書くに至る、Aからの侮蔑的な対応もあったのだが、こうした経緯を学校は把握しながらも、1時間半にわたって一方的に男子生徒を叱責し、反省文の提出を求めている。これに加えて、吹奏楽部顧問は「おまえは吹奏楽部のいままでの功績に泥を塗った」と男子生徒を責め立てた。顧問は同校に18年間勤務するベテランで、吹奏楽部はその功績から学校の広告塔的な存在でもあった。顧問は男子生徒に、部員全員への謝罪と、メールの無期限禁止を言い渡した。

(3) 偽りの進言を真に受けて

Aは、一時は男子生徒との関係を改善しながらも再び反感を強め、「男子生徒が好ましくない話を言いふらしている」と吹奏楽部顧問に訴え出たのだ。これを真に受けた顧問は、事実も確認せず、先輩部員四名を集めた場に男子生徒を突然呼びだし、一方的に責め立てた。

「ここでは他の部員もいるので具体的なことは言えないが、言葉に出せないような凄いことを吹聴していると聞いた。自分の娘についてそういうことを言われたら俺なら黙っていない。おまえの家に怒鳴り込んでいく。名誉毀損で訴える。何のことかわかっているな」

男子生徒は、顧問の発言の意味が理解できなかった。しかし、わからないと答えるとまた叱責を受けると思い「はい」と返事した。

「今後どうするか。部を辞めるか、条件を受け入れて続けるか」

「続けたいです」

「俺から出す条件は、もう誰とも連絡を取るな、しゃべるな、行事にも参加しなくていい。おまえは与えられた仕事だけしていればいい。その他の条件は2年生に決めてもらう。もう帰っていい」

翌3月3日、この日は日曜日であったため、午前中から部活動が予定されていた。前日の指導について聞いていた家族は、男子生徒に部活動を休むよう勧めたが、「今日休んだら本当に部活を辞めさせられる」と焦った表情で繰り返し、学校に向かった。しかし、一度は学校に行ったものの、部活動に参加することなく学校を離れた。

顧問は、男子生徒が一度は学校に来ていたことを知りながら、部活の全体ミーティングで「今後は一切（男子生徒に）関わらないこと。これであいつはもうダメだな」と言い放ち、「もう、あいつのことは話題にしないで練習に集中だ」と言って練習を始めた。その頃、男子生徒は地下鉄に向かい、友人に長文のメールを送った。そして、線路に飛び降りた。２０１６年３月、時効ぎりぎりになって、母親は北海道を相手取って訴訟を起こした（原稿執筆時の２０１８年６月現在も係争中）。

4 学校のルールから子どもの命を守るために

(1) 学校・教員に課せられたルールを知る

二つの事案からわかるように、学校のルールはときに子どもを死へと追い詰める。この現状から命を守るための方法は、子ども側と教員側との二つのアプローチがある。子ども側は、学校や教員が子どもと関わる上で守るべきルールを知ることだ。学校教育法では「校長及び教員は、教育上必要があると認めるときは、文部科学大臣の定めるところにより、児童、生徒及び学生に懲戒を加えることができる。ただし、体罰を加えることはできない」とある。こうした法律の存在を、保護者は積極的に子どもに知らせ、被害にあった際にどう対処すればいいのか、日頃から子どもと話し合っておくといいだろう。

学校は、都合の悪いことは、子どもや保護者に積極的には伝えない傾向がある。被害を防ぎ、被害を最小限にとどめるための知識を身につけることが、子どもの命を守るために欠かせない作業なのだ。

(2) ルールからの逸脱は教員にとってチャンス

「制服の乱れは心の乱れ」教の信者は実に多い。もし、シャツの襟が汚れていたら？ ボタンが取れていたら？ 家族がケガをしたり病気をしたりしていて、十分に子どもの世話ができないのかもしれない。他の家族もその代わりができない状態なのかもしれない。もしかすると、家庭の経済状態が悪い可能性もある。

ルール違反に気づいたら、その背景に着目しなくてはならないはずだ。大切なことは、制服の乱れから何を読み取るかではないのか。問われているのは、子どもではなくて、学校だ。

にもかかわらず、ルールと違うからと叱責しかできないのなら、学校失格。それは、教育ではなく飼育、指導ではなく調教にすぎない。

教育にはもう少し福祉的な視点が必要なのではないか。なぜ服装が乱れるのか、その背景に気づき、適切なサポートをする、あるいは適切な社会支援に結びつけることが求められるはずだ。校則を守ることだけにフォーカスすることは、子どもに必要な支援を行わない怠惰にすぎない。子どものルールからの逸脱は、子どもに近づくチャンスなのだから。

10

教師から見た校則の「功罪」

原田法人

1 校則をめぐって：私の経験から

(1) 校則との出合い・服従

私が校則と出合ったのは中学校への入学を間近に控えた頃だった。当時の頭髪には「丸刈り」規定があった。友人が次々と丸刈りにする中、私には決心がつかなかった。頭のかたちに少々劣等感をもっていたからだ。だが渋々決心し「丸刈り」を受け入れた。私たちは個人の事情や希望に関係なくそれを「守るべきもの」と理解させられたのである。

次に進学した高等学校は厳しさを最大の特色とし、「生徒心得」に従っての規律正しい学校生活を教育活動の基礎としていた。友人の多くは、規制の厳しさや度々実施される細かい「チェック」に悲鳴を上げていたが、私は「生徒心得」を忠実に守る一人だった。ある意味「盲目的」に従った。希望して入学したからだ。でも自分を欺いていたのかもしれない。

(2) 校則を手の内にする

最初に赴任したのは中学校（分校）だった。様々な事情を抱えて児童養護施設に入所した子どもたちが通学する、施設敷地内に併設された公立の中学校（分校）であった。私たちは、本校の校則を「学校のきまり」として準用した。学校（施設）の特殊性はほとんど考慮されることもなかった。本当の意味での一人ひとりを大切にする視点が欠如していたのである。

その後の小学校の勤務では「生活のきまり」をもとに指導を行った。授業開始・終了時の挨拶の姿勢、発言時の手の上げ方や所持する鉛筆の本数に至るまで、事細かく全校体制で指導した。整然とした様子で学習に取り組む姿に学校内外の関係者から評価を得た時代である。

次の中学校勤務の頃、各地にあるいくつかの「教育困難校」といわれる学校で「校内暴力」が多発し、その解決・防止策の一つとして校則を細かく規定して厳しく管理する教育が進められた。その後「校内暴力」は沈静化し、勤務校の校則も精選されたが、それでも生徒指導は戸惑いの連続だった。「校則とは何か？」多くを生徒から教えられた3年間であった。

こうして子どもたちと関わっていく中では、学校が決めた「学校のきまり」や「生活のきまり」をもとに生徒指導を行うのが日常となった。教員として「特権的に」校則を「手の内」にし、子どもたちを「思い通りに従わせて」きたのである。

他方で、かつて生徒だったころに抱いていた、厳しく細かい規律への違和感は、どこか薄れていったように思う。

(3) 校則を手の内にすることへの疑問

その後、ドイツ国フランクフルト日本人国際学校に派遣され、家族を伴って4年間勤務した。日本人学校には、互いに気持ちよく生活するための「約束事」はあったが、頭髪・服装・所持品や通学等に関する校則はなかった。これが私の転換点となった。

当時、私は長男（中1）長女（小6）の保護者でもあり、服装や通学方法、校内外の生活全体の問題について家族同士頻繁に話し合ったことを覚えている。かつて校則の内容を「守らせる」側であった私は、保護者（家族）として「創り出す」側となったのである。

帰国後、学校運営に深くかかわる教務主任を務める中、様々な問題や課題を「我が事」として考える機会が多くあった。「校則」に限れば、その解釈・教員間の共通理解・指導の違いから生ずる信頼の差等、指導に困難さを抱える学級担任からの相談や子ども・保護者から説明を求められる場面が数多くあった。

その後、2年間の教育委員会事務局勤務を経て教頭として同地区中学校に赴任し、以降校長職を6年間（中学校・小学校）務めることとなった。この間、私はある種の「息苦しさ」を感じるようになった。

2　校則はどのようにつくられ、運用されるのか

校則は「守る側」の児童生徒としては、ほぼすべての人が体験している。しかし、それがどのようにつくられ、運用されるに至るのか、あまりつまびらかにされることはない。以下

では、その点を示したい。

(1) 校則の作成過程

校則の作成プロセスは、通常その大半を教員が担っている。例えば文書として目に触れる（成文化された）校則の原案は、主にその学校の教員で構成される「生徒指導部会」等で作成し、「運営委員会」（管理職、各主任も参加）等で検討・修正され、校則（案）となる。

校則（案）は職員会議での最終確認・承認を経て、校長が決裁した上で正式な校則となる。中学校における「生徒心得」を記した生徒手帳や生活ノート等の内容も、同じ過程を経る。その多くは前年度を踏襲した内容であり、新年度に進級児童生徒・保護者に提示される。また、校則は入学前の説明会で入学予定児童生徒・保護者に文書配付等で提示されるが、内容確認の意味合いが強く、本質的な質問や議論がないまま提示・運用されることとなる。

新設・統合の学校の場合、地域独自の教育理念具現化に向け新たな校則づくりをすることもあるが、通常は近隣や元（分離前あるいは統合前）の学校の校則を準用することが多い。

(2) 校則の項目と内容

校則は前述のように作成・提示されるが、その過程や運用の実際は公開されない。学校が一方的に制定して示すもので、広く地域や児童生徒・保護者に詳細を知らせることは稀である。私にも経験がない。以下は、現在の中学校の一般的な校則の主な項目と内容である。

頭髪・服装・所持品：それぞれについて具体的規定内容あり。以下は一例。
○頭　髪……中学生としてふさわしい髪型（学習するときに支障のないこと）
○服　装……通常時…制服（男子…詰襟上着・ズボン　女子…セーラー服・スカート）
　　　　　体育時…体操着（学校指定）体育館シューズ（学校指定）
○かばん……リュックサック（学校指定）補助バッグ（推奨品あり・紙袋は禁止）
○所持品……学習に必要なもの以外は持参しない（時計・スマートフォン等不可）
校内生活：始業時刻・授業時間・休み時間・清掃時間・下校時刻・部活動　等
校外生活：交通規則・通学路規則・自転車使用規則・校区外移動規則　等

これらの項目や内容は、学校生活をより良くするために必要かつ合理的なものだとして、従来の教育活動での蓄積を整理し、「守るべきもの」として位置づけられてきたのである。

(3) 校則の提示から運用の実際

多くの学校では新年度の初めに学年集会等を行い、学年目標や学習・行事計画が示される。そのときに、生活（＝校則）に関しては生徒指導担当教員による確認がなされる。新入生には生活全般のガイダンスとしての意味合いで、校則に関して上級生よりも丁寧な説明がなされ周知徹底が図られる。

学校ごとに違いはあるが、定期的に自己・相互点検、教員による点検期間を設ける等して生活面の周知徹底、指導を継続することとなる。形の上では質問や疑問を受け入れる姿勢を示しながらも、その意義を「共通理解」「相互理解」させることを大切にするのである。

子どもたちに校則（「生徒心得」「学校のきまり」等）を示す一方で、運用（指示・命令）する教員側には「もう一つの校則」がある。それは**「細則」・「内規」・「申し合せ」等と呼ばれる校内文書綴《つづ》り**である。例えば中学校の場合、頭髪（例：長髪を束ねるゴム紐の色）、服装（例：スカート丈・肌着の色）等の細かい規定が現実に存在している。教員側がよく使う「弾力的な運用」＝チェック基準の許容範囲や携帯電話所持・使用の特例等もこの中に含まれる。

通常、この校内文書が子どもや保護者の目に触れることはない。これが成文化されず慣例・定着化した「校則」を創り出してきたのである。

教員側も常に情報共有による「共通理解」「相互理解」を重視してはいるが、それは生徒指導という目的を円滑・適切に機能させていくための工夫や努力であるともいえる。しかし「目的」と「手段」が混同することも多々あり、子ども理解の観点からは一面的理解に陥りかねない可能性が大いにある。これは見過ごせない問題である。

「統一」を基準にしたこれまでの生徒指導は「目に見える」部分が支配する。しかし、子ども理解はむしろ「目に見えない」部分が大切である。

振り返れば、私は校則を「守り・従う」側から「守らせ・従わせる」側に立った。おそらく教員の多くも同じ経験をしてきているはずだ。そして今も「迷い」「戸惑い」の中で「疑問」をもち「息苦しさ」を感じながら職務を果たしている教員も少なくないのではと思う。

次の節では公立義務教育学校における従来の校則を三つの観点から捉え直したい。

3 従来の校則を問う：自己批判的評価から

(1) 校則＝拘束・規制？

ある中学校の校則（学校生活のきまり）の文末（＿＿部分）は、「……着用します」【例：制服を着用します】【例：男子は必ずベルト（黒・紺・茶系の単色）を着用します】、「……認めています」【例：冬服夏服がありますが移行期間は長袖シャツ（刺繍マーク入り）の着用も認めています】、「……可」【例：靴下…白色靴下（ワンポイント・ライン可）冬期はタイツ可（女子）】、「……認めていません」【例：男女ともくるぶしが出るような短い靴下は認めていません】等、具体的に表現されている。

一見丁寧な印象を受けるが、これらの内容は指定（指示）・許可・禁止、つまり制約・禁止条項的性格のものではないだろうか。事実、子どもたちを規制しているのである。

(2) 校則の縛りは「教育のため」？

「校則は誰のため、何のためにあるのか？」と問われて私たちは何と答えるであろうか。おそらく「子どもがより良く成長・発達するため」と皆が口をそろえて答えるだろう。「誰のため？」は「子どものため」としよう。では「何のため？」はどうだろう。立場によってさまざまな答えが予想される。教員、保護者、教育委員会……。

教員からはこんな声が多く聞こえてくるだろう。校種によって違いはあろうが……

○心身の発達過程にある子どもが集団で生活するのだから一定のきまりが必要だ

○社会規範を身につけたり自制心を育てたりするために必要だ

保護者からはどんな声が聞こえてくるだろうか。お叱りを受けるのを覚悟で……

○学校の秩序維持にはある程度のきまりは必要だ

○学校のきまりがあれば迷うこともなく、子どもとのもめごとが減ってありがたい

教育委員会はどうであろうか。まさか学校管理規則に記されているから？……

○地域内の子どもたちの健全な育成には、その指針となるきまりが必要だ

○地域住民の願いを実現するためのツールとして、統一したきまりが必要だ

しかし私には、これらすべてに通底する、こんな声がかすかに聞こえてくるのである。「指導する教員、育てる保護者、見守る教育関係機関・地域住民が子どもを**教育する**ためには校則が必要である」と。「**教育だから**」である。子どもは合意するだろうか？

この背景には「発達過程にある子どもたちに適切な指導を行うことは当たり前である」という考え方「大人の価値観」＝「大人の都合」があるのではないかと思う。

子どもたちに問えば、子どもたちからはどんな答えが返ってくるだろうか？

(3) だれが校則の見直しに参画しているのか？

かつて私は「服装」を見直しの対象にした経験がある。防寒用ネックウォーマーやタイツを使用したいという要望に対して、まずは職員会議で検討した後に、使用する色や形、使用期間等を提示し、子どもたち（生徒会）に選択させたのである。はたしてそれは子どもたちの主体的な「見直し」だったのだろうか。参画と言えたのだろうか。今も疑問が残る。

ところで、校則見直しの必要性が指摘されて久しいが、その過程に「子どもの参画」はどの位あるのかに注目したい。本当の意味での見直しには「子どもの参画」は不可欠だからだ。

かなり遡るが、中・高等学校長を対象に実施された調査結果『校則見直し状況等の調査結果について』（平成3年文部省通知）の【見直し手続き】項目の回答では「職員会議での話し合い」（約9割）が最も多く、子ども（生徒）による手続きは「学級・ホームルーム・生徒会等での討議」（約4割）「生徒へのアンケート」（約2割）であった。これは、主たる見直し議論は職員室で行われ、「子どもの参画」はその一部に限られているということだ。

30年近く前のデータではあるが、校則見直しの状況がこの時点から大きく変わったとは、教員経験での実感からは考えにくいように思う。見直しにおける「子どもの参画」がこの程度であるなら、作成・運営における「子どもの参画」の実態は容易に想像できるであろう。

また、同調査結果によれば、ＰＴＡ（保護者）や地域が校則の見直しに参画する割合も約3割と低い。参画のプロセス自体も、まずは学校がその場をセッティングする等の手続きが必要だが、それがないままだと、保護者や地域も見直しに考えが至らず「学校がつくる校則」をそのまま受け入れるのが当然であるとの考えも無理はない。

私たちは「子どもの参画」という視点と同時に「大人の都合」に隠された「大人の見識」を見落としてきたのかもしれない。子どもたちは「大人の見識」をどう評価するのだろうか？

これまで述べたことは私の経験と知見に基づくものである。一面的で自己弁護的な内容ではあるが、想像力を働かせて、拙文の中に「功罪」を読み取っていただければ幸いである。

さて、従来の校則は「抑圧的・制約的側面が大きい」「学校の教員中心で作成・運用・継続されている」「子ども自身もそうだが、保護者や地域も充分校則の運用や見直しに関与できていない（学校側がその機会を整備してこなかった）」。すなわち**校則は「大人のもの」で**

あって、子ども自身が考えたり参加したりできるものになっていなかったのではないか。

そこで従来の校則について私自身に問うのは次のことである。
○子どもたちは自分たちが「より良く成長するため」の校則と理解しているのか
○子どもたちは自分たちを「指示・規制・禁止する」校則を受け入れているのか
○子どもたちが「見直しに参画できない」校則をどう評価しているのか
そして教員は、この問いにどのような答えを出すのだろうか。私の答えは……

規制（指定・許可・禁止）事項は撤廃し「守るべきルール」のみを記す「校則」を定める

ここに至り、私は従来の校則を改める必要を感じた（以降、望ましい校則は『校則』と表記する）。

4 望ましい『校則』への展望：多様性の時代に「功罪」を超えて

(1) 「学校のルール」としての校則から「社会のルール」としての『校則』へ

私たちには法律や条例で定められた事柄をはじめとした「社会のルール」が存在し、これはすべての人が「守るべきルール」である。私たちは家庭や地域、そして学校や実社会での体験を通してそれぞれのルールを理解し、それに適った行動を身につけてきた。

事実、「社会のルール」を安全に、円滑に身につけるためには、ある発達段階までは一定の制約や禁止事項を盛り込んだ「守るべきルール」を実施・運用することは必要だと思う。例えば未就学段階の幼児は、これまで様々な社会生活を通して「守るべきルール」(「家庭のルール」「保育施設のルール」等)を少しずつ体得・習得・理解しながら「社会のルール」も部分的に身につけてきた。

これに続く小学校入学時は、これらに加えて小学校生活における対人、社会関係や生活・学習のルールを身につけるための「学校のルール」は必要だろう。しかし小学校課程修了時には「学校のルール」はほぼ身についており、「社会のルール」の理解力・判断力・実行力も大人に近づいているのではないか。私はそう実感している。

従って、それ以降の規制は緩やかでよい。いや規制は無くしてはどうか。秩序の乱れから問題が発生するのでは……との声もあろう。しかし「答えは子どもたち自身がもっている」という認識を教員の共通理解とし、子ども自身による「学習のルールづくり」の経験の蓄積が「学校のルール」となっていくこと、それこそが大切である。「社会のルール」以外は自由であるという「ルール感覚」の育成、すなわち**「従来の校則からの解放」**である。

であれば現在、中学校の校則で細部に至るまで規定している項目(頭髪・服装・所持品等)は、各自の意思や各家庭での判断に任せればよい。必要なのは、安全配慮事項や学校施設を使用するにあたっての注意事項（例：下履きと上履きの区分使用・体育館専用シューズ使用・図書館利用規定　等）くらいであろう。

そうすれば教員にとって『校則』を基準にした指導は変わってくる。かつて私たちが悩んだ「弾力的な運用」なるものは別次元のものとなり、「してはいけないことをする」問題行動（ルール違反）と称されることは、『校則』とは別の問題となる。一律に規制された校則のもとに学校生活を送る状況は、校種に限らず改定（または撤廃：以下「改定」は撤廃も含む）する必要がある。今一度自問自答したいことである。

(2) 子ども・保護者・学校・地域等で『校則』をつくる

校則を問い直すということは、ここまで挙げてきたような私たちの教育観・子ども観を見直すことが伴う。従来のように職員室で教員を中心に改定・変更していくだけでは、本質的な改善・変革にはつながらないのである。当然、学校だけでできることではない。ここで詳しく述べることはできないが、取り組みにあたり大切な視点を記しておく。

○「子どもにとって何が本当に必要で、何が不要なのか」を議論できる組織の構築
○「子どもの参画」を含めた学校・保護者・地域と行政・関連諸団体の参画・協力
○「指示・規制・禁止」に縛られない『校則』の目指す方向性の確認・徹底　等

この取り組みで、これまで学校が制定してきた校則を子どもも含めた家庭や地域、学校設

置者に返すことにより、責任をみんなで分かち合うことになる。

学校だけが、保護者だけが責任を負うのではない。もちろん最終責任は保護者にあるが、「子どもはみんなで育てて見守る」原点に戻るのである。真の連携は「誰もが納得できる『校則』」を創り出せるはずだ。

真の連携実現は「開放された」学校運営が基盤となる。学校を中心とした地域社会の力量が問われる。校長のリーダーシップを発揮する場面となるだろう。一歩一歩……である。

(3) 「多様性」に基づく『校則』へ

「多様性時代」である。教育現場である学校には、多様化・個性化への対応までもが求められる時代となってきた。心身両面に生きづらさを覚える子どもや家庭もある中、事情の異なる子ども一人ひとりを受け入れるのが学校である。そして、すべての子どもたちが共に「生活しやすい」環境を整えることも、私たち大人全般の果たすべき重要な役割の一つである。

しかし正直な実感として、これらをすべて学校だけで行うのは難しい。教員の過重労働が問題となっているように、学校の業務量はパンク寸前だ。そんな中、子ども一人ひとりに向き合う時間が取れず、一律に校則で管理しようとするような指導となっている現状がある。

それにもかかわらず、学校は外部の機関や周囲と協力することに消極的な傾向にあるように感じる。やるべきことを抱えて、その結果子どもの人権を侵害することで指導を成り立たせる現状は変えなければならないし、そのためにも学校が担うとされてきた「校則」「生徒指導」の考え方を、前述の通り大きく変えた上で、保護者や地域をはじめとした周囲と連携することが必要だ。子どもにも教員にも多様な場面で自由に語り合えるようにするために、考え方を変える。それには、今まで以上に教員の力量が問われるのである。

そのためには、自由な発想をもつ意欲的な教員を育て見い出し、登用したりチームに加えたりすることが必要だ。生徒指導担当教員以外の教員の出番である。とくに養護教諭の専門性は、今後も「子どもたちの健康安全を守る」大切な要素となるはずだ。一人ひとりの教員が本来の仕事を再確認することができ、新たな「やりがい」を見出せるであろう。

学校は地域のコミュニティセンター的な役割を担う存在である。子ども・保護者・学校・地域等がそれぞれの役割を果たし「多様性」に基づく「『校則』づくり」を進めていくためには、学校のイニシアティブが重要である。

きっと学校は地域を変えていく原動力となるはずだ。困難が伴い時間もかかるが、将来の希望へと繋がる取り組みとなるであろう。

結びに…今回、私の勤務した地区の現職教職員や教育行政関係者からの声を直接聞く機会には恵まれなかった。従って私が述べたことは校則の「一断面」に過ぎず「総合性」に欠けることは私自身よく承知しているつもりである。だが多くの協力者を得た。感謝したい。

11

保護者から見た校則

大塚玲子

1 今の保護者世代と学校ルール

「なんだかなぁ」と首をひねりたくなる校則や学校ルールがあるのは、昔も今も同じか。筆者としては正直なところ、昔より今はゆるい印象がある。保護者のなかでも、特に1980年代に中学高校生活を送った世代（筆者を含む）は、「ツッパリ文化」や「校内暴力」を知っている。「荒れた学校」と、それを校則やルール、体罰で抑えつけようとする教師たちを目の当たりにしてきたので、ある意味感覚がマヒしているのかもしれない（1990年代に中高生だった世代は、また違う実感があるのかもしれず）。

ただし、そんな保護者たちも「昔はなかったルール」や「昔より厳しくなったルール」「他校では既に許可されているのに、わが子の学校ではいまだに禁止されているルール」など、時代とともに変化した部分には敏感だ。SNSが普及したことで、ほかの保護者の意見や他校の状況を知りやすくなり、違和感を認識しやすくなった背景もあるだろうか。最近は、おかしな学校ルールがメディアで取り上げられることも増えている。

30~40年前から存在した納得しがたい謎ルールがいまだに残っていることにショックを受ける保護者もいる。第1章「データから見るブラック校則」で、「自分が理不尽な指導を受けたことのある人ほど、現代の校則について時代に合わないと考える」という指摘があったが、これは納得する。かつて自分も疑問を抱いたルールにわが子も困っていれば、記憶が蘇り、なんとかしたい気持ちになるだろう。

なお「筋が通らないことに対して、違和感を抱きやすい人種」というのは、世代を問わず存在するように思う。私もそうだが、たとえばPTAの在り方に問題を感じている保護者たちは、ブラック校則にも関心をもつことが多い気がする。これは、「そういうタイプの人だから」というふうにも、説明できるかもしれない。

2 保護者が学校に働きかけるケース

さて、では保護者たちは今の校則や学校ルールのどんな点に問題を感じ、それに対して具体的にどんな行動をとっているのか？　実際に、保護者として学校ルールの見直しを学校に働きかけた経験がある人がいたら話を聞かせてほしい。そうツイッターで呼びかけたところ、十数件の報告をいただいた。まずは、保護者が個人的に動いたケースを紹介したい。

○例1「体育のとき下着着用不可」↓替えの下着があればOKに／Hさん（東京都）

Hさんは息子が通う小学校で、「体育のときは汗をかくので下着を着用しない」というルールがあることを知り、今年の春、個人面談の際に担任の先生に相談し、「替えの下着を持参すれば着用OK」というルールにしてもらった。

体育のときに下着着用不可、というルールは、第2章でも事例が寄せられているが、最近増えてきたものだ。保護者世代が子どもだったときにはなかったルールなので、筆者も違和感がある。特に、体型が変わり始める高学年の女子をもつ親からは、当然ながら反対の声が多い。

なおHさんの学校では、このルールは保護者に周知されていなかった。Hさんは、たまたまほかの母親から聞いて知ったそうだが、その母親もたまたま子どもが家で話したから知ったそう。学校でわが子が、そんなルールに従っていることを知らない保護者もまだ多いだろう。それでいいのか？　ちょっと不安になる。

今回、Hさんの働きかけで「替えの下着を持参すれば着用OK」になったことも、いまのところまだ、ほかの保護者には知らされていないということだ。

○例2「置き勉ルール＆指定バッグ」↓見直し・変更に／Tさん（京都府）

Tさんは6年ほど前、中学生だった娘のカバンの重さが異常だったため学校に働きかけ、「置き勉」のルールを見直すと同時に、指定リュックのサイズを大きくしてもらった。「置き勉」というのは、学校に教材を置いて帰ること。中学校はこれをしばしば禁止しているため、子どもたちはよく重いバッグを担いで登下校している。

子どもたちのランドセルや通学バッグの重さがただならないことは、近年よく話題になっている。昔と比べて教科書が大判化し、資料集などの副教材も増えたことなどから、中学生の場合、荷物の重さが20キロ近くに達することも。筆者も小柄な息子によく同情した。今、置き勉や指定バッグを見直す動きは全国に広がりつつある。

Tさんは最初、校長先生に書面で要望を伝えた。その際には、娘の腰痛の診断書も添え、さらに地元の議員にも相談したそう。Tさんは「ただのクレームとして扱われないために、話の持っていき方が大事だと思った」と振り返る。

なお、Tさんが声をあげたところ、続いて同様の声をあげる保護者が何人も出てきたそうだ。そういった動きも、見直しが進められる後押しになったのかもしれない。最初はTさんの娘のみ大きなリュックを認められ、翌年からは学校指定のリュックが大きくなった、ということだ。

○例3「決められた期間のみ水筒持参可」↓未変更（交渉中）／Cさん（神奈川県）

Cさんは「学校が指定した時期（7月以降）しか水筒を持ってきてはいけない」というルールを見直すよう、２０１８年の4月、子どもが通う小学校に意見。しかし6月初旬現在、まだＯＫは出ていないとのこと。「(Cさんのお子さんが通う）特別支援学級だけ可」と言われたが、Cさんはわが子のためだけに提案したわけではない。近年は４・５月から25℃

を超える日があることも珍しくなく、なかには片道1時間ほど歩いてくる児童もいるため、「熱中症になる子が出ないか」とCさんは心配する。

最近は、水筒持参をいつでもOKにする学校も増えている印象だ。ここ30～40年で日本の気候もだいぶ変わり、暑い日が増えているので、不思議はない。Cさんの住む地域で、水筒を持参できる時期が限定されているのは、もはやこの学校だけだそう。

なお、水筒持参をいつでもOKとする学校が増えたのは、もしかすると気候変化よりも、東日本大震災に伴う原発事故の影響が大きかったかもしれない。それまでは「水道水を飲めばいいだろう」でみんな納得していたところ、事故直後の短期間、東北～関東地方では微量とはいえ水道水に放射性物質が含まれていたため、子どもの水筒持参を認めるよう学校に求める保護者が増え、ルールが見直されていった、という印象がある。

なおCさんはこの件について、教頭先生に連絡を入れたそう。校長先生にまで話が伝わっているかどうかは、わからないということだ。

このほかにも、学校への提出物の内容を変更するよう働きかけて実現したケース、給食後の歯磨きの習慣化を働きかけたものの実現しなかったケース、水筒に入れられる飲み物（種類）の制限が緩和されたケースなどを教えてくれた方がいた。

3 PTAとして働きかけるケース

次に、保護者個人としてではなく、PTAを通して学校にルールの見直しを求めた、あるいは求めようとしたケースも少数あったので紹介したい。

○例4「靴下の色は白のみ」→黒もOKに／Nさん（関西地方）

Nさんは、子どもの通う中学校にあった「靴下の色は白のみ」という決まりについて学校や議員に働きかけ、「黒もOK」というルールにしてもらった。一度はPTAを通そうとしたが叶わず、結局は個人的に働きかけた結果だった。

「靴下が白のみ」というルールは昔からある。なぜ変えてほしいと思ったのか？　Nさんに尋ねたところ、「足の裏が真っ黒になって洗濯が大変だから」とのこと。なるほど、それはよくわかる。筆者も「今日は靴を履かないで帰ってきたのかな？」と思うほど足裏が汚れた靴下を、よく悪態をつきながら下洗いしたものだ。息子の通う中学は黒い靴下もOKだが、上級生の目が気になるのか最初は履きたがらず、学年が上がってからようやく黒の靴下も履くようになってきた。なお最近は、黒白ツートーン（足裏だけ黒、ほかは白）の靴下もよく売っている。これはやはり、靴下の汚れに悩む保護者が多いことのあらわれだろう。

Nさんも最初は「靴下は白」のルールを変えることを思いつかなかったのだが、「黒もOK」の学校に子どもを通わせる友人から、「今どき、白だけ!?」と驚かれたことから「黒でもいい」と気づいたそうだ。

初め、担任の先生に相談したところ、「PTAを通してはどうか」と提案を受けた。そこでPTA会長に手紙を書き、PTAで取りあげるよう頼んだが、会長からは「学校が決めること」という返事のみ。そこで結局、校長先生と話をしたものの、「校則は市内全域で統一しているから、うちだけ変えることはできない」と断られてしまった。

校則が地域で横並びとなっている地域は、ときどきあるようだ。おそらく近隣に違うルールの学校があると、「あそこはOKだから、うちも変えてほしい」と保護者や生徒から言われやすくなることを予想し、先手を打って統一しているのだろう。

年度が替わりPTA会長が交代したため、Nさんは新会長に改めて相談した。ところが今度は「校長先生から、校則のことにPTAが口を挟まないように言われている」という、驚愕の返事が。やむを得ずNさんは地元の議員たちに働きかけ、おそらくその成果か、翌年の春からようやく、「黒い靴下もOK」に変わったということだ。

「ああいう発言（校則にPTAが口を挟むな）が出たということは、たぶん学校は保護者が集団で何かを要求してくることを恐れているんでしょうね。その意味で、PTAは学校にとって、一つの脅威なのかもしれません」とNさんは話す。

これは重要な指摘だろう。筆者が以前、ある校長先生に「ＰＴＡへの本音を教えてください」と尋ねたとき、「本音を言えばそりゃ、ＰＴＡはお金だけ出して、あとは黙っていてほしい、ですよ（笑）」とおっしゃっていたが、これは実に、本音だったろう。複数の保護者の意見として、特にＰＴＡの意見として学校の決定に口を出されることを、学校側はとても警戒している。ＰＴＡはかつて「学校に物申す団体」だった時代もあるようだが、学校運営に支障が出たのか。学校はＰＴＡの役割をコントロールするようになり、いつしか「物申す機能」は失われていったようだ。

先日、ＰＴＡ役員を経験した知人が「校則は市内共通だし、学校のルールをＰＴＡで見直せるという発想がそもそもなかった」と言っていたが、これが現在ＰＴＡにかかわる人たちの多くが抱いている実感だろう。

○例5「小学生の行事に参加しない」↓「積極的に参加」に／Ｍさん（長野県）

ＰＴＡ役員だったＭさんは数年前、子どもが通う中学校の「夏休みの過ごし方のしおり」に記載されていた「小学生向けの地域行事に参加しない」というルールを、「地域の行事に積極的に参加する」というルールに変更してもらったそうだ。子どもが減少し、小学生向けの行事にも中学生の手が必要になってきたため、地域から出た要望を、ＰＴＡ校外委員主催の懇談会の場で学校に提案、実現したとのこと。

これはPTAが地域の要望を学校に橋渡ししたケースであり、PTAが変えた、というのとはちょっと違うかもしれないが、学校ルールを変えた一例ではあるだろう。

それにしても、「小学生向けの行事云々」という縛りをやめたのはいいとして、「積極的に参加する」というのも、これまた踏み込み過ぎという印象はある。そこまでルール化、文章化する必要があるのか？ Mさんによると、この学校や地域では、とても細かいことまでルール化する傾向があるため、転勤で首都圏から来た保護者には大抵驚かれるそうだ（そしてみんなそのまま転校していくため、ずっと変わらないそう）。

4 保護者集団に対する学校の警戒

今回報告いただいたお話や、私がこれまで見聞きしてきたケースを振り返ってみると、保護者が学校にルール見直しを求めた場合、実現することもあればしないこともあり、ケースバイケースのようだ。

「どういう内容だと、見直してもらえるか」というと、やはりテレビや新聞で取り上げられるなど社会的に問題となってきたことや、他校でもOKになっていることは比較的通っているように感じるが、でもそれも必ずとはいえず、そのときの学校長の判断次第、という部分も少なからずある印象だ。

また声のあげ方としては、Nさんも指摘していたように、保護者個人から声があがるより、複数の保護者から要望されたことのほうが、採用されやすい傾向はあるかもしれない。とくに「保護者の代表」という建て前をもつPTAという団体からの要望は、学校としては無視しづらいのだろう。しかし、だからこそ学校はPTAが発言権をもたないようコントロールしてきたのであり、現状のPTAには、そういった機能はほぼなくなっている。

そこで「PTAに、学校に物申す機能を取り戻そう」という意見も聞かれるわけだが、ただしもしそれをPTAで本当にやるのであれば、それなりに時間をかけ、丁寧にやる必要があるだろう。というのは、なかには「PTAの意見」としながらも、実際にはそれが単に一部役員（会長等）の意見であり、一般会員の意見と乖離している場合もあるからだ。

たとえば数年前、ある自治体で大きな運動公園をつくる計画がもちあがった際、市のPTA連絡協議会（以下略してP連と表記）が早期着工を求める要望書を出したのだが、実際には住民の意見は割れており、保護者のなかには計画に賛成しない人たちも大勢いた。ところがP連の執行部は、会員全体に意見を聞くことをせず、P連の名前で勝手に要望を出していたため、会員の中から「そんなことは知らされていない」と声があがり、要望書の取り下げを求める騒ぎとなった（しかしP連は要望書を取り下げず。最終的には住民投票により、計画は白紙撤回されている）。

PTAではこんなふうに「一部の会員（主に執行部役員）の要望」が、「会員みんなの要望」ということにされてしまいやすい。そうなると要望はもちろん、団体の信頼性まで失われてしまう。こういった可能性を考えると、PTAやP連のような団体が「保護者全体の意見」をとりまとめるというのは、なかなか難しいように思われるし（テーマにもよると思う）、またもしどうしてもそれをやるというのであれば、ちゃんと丁寧に、手間ひまをかけて、話し合いをする必要があると感じる。

たとえば2018年の春、東京都中央区のある小学校が、校長の独断でアルマーニの制服を採用し、批判が殺到した。制服等を変えるときは多くの場合、学校側がPTAと相談するものだが、この学校では校長が一人で決め、PTAへの相談はなかったようだ。

しかし、もしこの校長がPTAに相談していたとしても、PTAが保護者意見をとりまとめることができたか？　という疑問もある。おそらく保護者のなかでも、この制服の件に関しては、強く賛成する人、強く反対する人、どちらもいたのではないか。PTAとして意見をとりまとめるのであれば、時間をかけて丁寧に話し合い、意見を出し合うことが必要だったろうが、いまのPTAに、いまの保護者に、そこまでのことができたか……？　もしかすると、難しかったような気もする。

そもそもの話、現状のPTAやP連は、会員に加入意思すら確認していないことがほとんどだ。スタートの時点から会員の意思を完全に無視している団体が、「さあ、自由に意見を言ってください」などと話し合いをすることが、本当に可能なのか？　という疑問もある。

5 生徒の判断を保護者がサポート

この章では、ここまで保護者が学校ルールを変えた事例を見てきたが、そもそもの話、学校のルールは誰が決め、見直すものなのか。校則が「子どもが安全に成長し学ぶ場である学校をよりよく保つための基準」であるなら、まずは学校で日々生活している、生徒と先生で考えるものだろう。

生徒自身は校則に関して、どんな働きかけをし得るのか？　報告いただいた中に、生徒会の動きに関する話も少しだけあったので、紹介したい。

○例6／Sさん（中部地方）

Sさんの娘は、数年前に中学生だったとき、生徒会のメンバーだった。靴や靴下の色の指定をゆるめてほしいと思い、生徒会の担当教員に相談したものの「伝統だから変わらない」と言われ、あっさり却下されてしまった。「校則には（生徒が）触れられない空気があることを感じた」と、娘はSさんに話したという。

○例7／Uさん（関東地方）

いまから30年ほど前、中学校のPTA会長をやっていた近所の女性が、生徒会や職員会に働きかけ、いっしょに校則を変えたそう。内容は「男子は坊主、女子の髪の長さは肩まで」という決まりをなくす、制服を標準服の扱いにする、等々。この会長さんはその後、市議会議員として活躍しているとのこと。

ご本人に問い合わせたところ、当時、校長会で説明をした際には「親たちが物申すな」と言われたという。

Uさんはこの件について、「大人目線だけでなく、生徒といっしょに校則を改正することに意味があったと思う」と話している。

なるほど、校則は先生と子どもたちで考えるのが筋とはいえ、現実には教師と生徒の力関係はまるで違うため、子どもたちは教師が決めたことに従うだけになりがちだ。声をあげても、変えられないことは多いだろう。

それにそもそも、いまの日本の学校文化で育った子どもたちは、ルールを自分たちで変えられるという発想すらないかもしれない。そこで、保護者の出番となるわけだ。

その意味で、Uさんのお知り合いのやり方は、悪くなさそうだ。校則を考える主体はあくまで生徒で、保護者はそれをサポートする、という立ち位置だ（PTAや保護者の意見を子どもたちの意見であるかのように言わせてはいけないことは、言うまでもない）。

しかしなにしろ、実際にそういった生徒会の動きをサポートしているPTAの話は、まず聞かない。今も昔も、学校は保護者やPTAが口を出すことをいやがるし、いまはそもそも生徒会にすら、校則を扱える空気がなさそうだ。

このような働きかけは、いまでは無理なのか？　考えてしまうところだ。

6　校則、PTA問題に共通するもの

最後に少々、私自身が学校ルールの見直しにかかわった古い話をさせてほしい。いまから30年前、高校生だった私は友人らとともに、服装に関する校則の規定を見直す活動を始めた。「制服を着たい人は着る、着たくない人は私服でOKにしよう（標準服の扱いにしよう）」と、全校生徒に呼びかけたのだ。

生徒たちからの反応はさまざまで、結局実現できなかったのだが、先生たちの反応も興味深いものだった。こういった活動を後押ししてくれたのも先生たちだったが（社会科には面白い先生が多かった）、他方では、私たちが悪いことをしていると考える先生もいた。

「大塚はあんなアウトローなことをして、大丈夫なのか」。知り合いを経由して、そんなふうに言う教員もいることを知った。アウトローって何だ？　辞書で調べると「無法者、ならず者」とある。ルールを尊重するからこそ、見直しをしようと言っているのに、それを学校

の先生から「無法者」と言われるとは……。傷ついたものだ。

おそらくその先生は「ルールは見直すものではなく、従うものだ」と考えていたのだろう。思い出すと苦笑してしまうが、でもじつは、いまでも大方の日本人は、そんなふうに考えているのかもしれない。決まっていることには全て従うのが正しく、与えられたお題を疑うことはご法度。「自分の頭で考える」という習慣がない。

私がよくテーマとするPTAの問題も、根っこは同じように思う。じゃんけん、くじびきによる仕事の押し付け合いでこれだけいやな思いをする人がたくさんいるのは、そもそもの仕組みに問題があるからだが、「仕組みを見直そう」という人が現れると、現場では大変警戒される。「PTA改革だ!」などという保護者は「和を乱す厄介者」と見られ、それこそ「アウトロー」扱いされて、吊るし上げられたり、追い出されたりすることもある。

学校で求められるのは「従順」な生徒・保護者・教員だ。これまでどおりのやり方を受け入れ、にこにこと言うことを聞く人間。だから、PTAも学校も、なかなか変わらない。

学校のルールも、PTAも、自分の頭を使って見直すことが必要だ。思考停止をやめて、自分たちがより過ごしやすくするためにどうすればいいか考え、声をあげて動くこと。いまがちょうど、そのタイミングなのかもしれない。保護者も、生徒も、先生たちも、これまでの学校の在り方を見直し、考えるときではないか。

12

学校だけが悪者なのか？

──社会全体での改革に向けて

内田　良

1 学校と私たち

(1) 教育は誰もが専門家だから

私は、「教育」を専門とする大学教員である。正直な気持ちを告白するならば、大学教員として学生に対して、小中高を想定した「教育」の授業を提供するのは、負担がけっこう大きい。

なぜなら、最新の教育状況をもっともよく知っているのは、言うまでもなく学校に通ってきた学生自身だからである。大学のことに限定すれば、私のほうが学生よりも、はるかに知識も経験も豊富である。大学を職場にして日々過ごしているし、その年数も学生より圧倒的に長い。

だが、小中高のこととなると、私は時間を見つけては情報を仕入れたり、教師に取材をしたりして、ようやく最新の状況が把握できる。いっぽうで学生は、つい数年前（あるいはつい数ヶ月前）まで、丸一日ずっと高校の教育を受けてきているのである。

「教育は誰もが専門家」といわれる。

多くの大人たちは、小中高と12年の教育を経て、成人していく。多感な時期に十数年間、毎日のように学校文化のなかで時間を過ごす。だから「校則」という、学校教育のなかでいえば些細な話題についてさえ、誰もが具体的にその現状や問題点を雄弁に語ることができる。だがそれは、たかだか自分が経験したことにすぎない。私たちは、教育のことをよく知っているつもりで、半径3メートルの視野から物申しているだけなのだ。

それゆえ本章では、半径3メートルの視野を解体しながら、校則に迫っていきたい。すなわち、自分個人がもっている教育観を相対化しながら、できるだけ幅広い視野から校則を論じていくのである。

(2) 学校の常識は、世間の非常識

各章でとりあげてきたとおり、学校には理不尽な校則がたくさんある。地毛証明書の提出一つをとってみても、なぜそこまでしなければならないのかと、学校を問い詰めたくなる。

校則だけではない。体育祭で高さ7メートル、最大負荷200kgの10段ピラミッドを、いまだ一度も成功していないにもかかわらず、本番で披露しようとして失敗し、複数の生徒が骨折する。ケガの高いリスクを負ってまで、やるべきことなのか。

教員には「学校における教育活動及びこれに密接に関連する生活関係における生徒の安全の確保に配慮すべき義務」（文部科学省、2006年11月21日事務連絡）、すなわち「安全配慮義務」がある。だが、そこでおこなわれているのは、子どもの安全に配慮するというより

は、子どもをリスクに晒すことであるように見える。

しかしながらブラック校則にしろ、巨大組み体操にしろ、なぜそれらが学校でまかり通るかといえば、第3章でも言及したように、それらは「教育」として意義があるとみなされているからである。

このような学校教育特有の価値観は、しばしば「学校の常識は、世間の非常識」と皮肉をもって表現される。生まれつきの身体の特徴を証明したり、無意味にリスクを高めた活動を強制されたりと、これが学校以外の社会生活で要請されることはめったにないだろう。

2 校則に賛同する保護者たち

(1) 学校化した市民の価値観

「学校の常識は、世間の非常識」といったかたちで学校のあり方が批判されるとき、その背後には「学校 vs. 市民」(保護者を含む)という図式が想定されている。先生たちの考えは市民感覚から大きくずれていて、だから、ブラックな校則や活動が推奨されているという認識である。

学校の価値観は、私たち市民から遠くかけ離れたものになっている。しかし私は、「市民」

というものを一枚岩的に理想視することには、あえて慎重でありたいと思う。「学校 vs. 市民」という見方は、たしかに学校特有の状況を浮かび上がらせるには有効な図式である。だが、そもそもこの社会の民意は、それほどまでに理想視できるものだろうか。じつは、「市民」もまた、十分に学校的価値観に染まっているとは考えられないだろうか。

「学校化社会」という言葉がある。哲学者のイヴァン・イリイチは、学校的な価値が制度に組み込まれた社会（例：学校を卒業すれば一人前とみなされる社会、学校で受動的に知識を受け入れることが是とされる社会）を「学校化社会」と呼び、そのあり方を批判的に考察した。

また社会学者の宮台真司は、少し文脈を変えて、偏差値重視の学校的価値が社会の隅々にまで浸透した社会をそう呼んだ。

両者に共通するのは、学校の価値観が、社会のなかで支配的な位置を占めていることに対する危機感である。すなわち「学校化社会」という概念は、「学校 vs. 市民」ではなく、「学校＝市民」という見方を、私たちに提供してくれる。

考えてもみれば、この社会で生まれ育ったほとんどの子どもたちは、小中高と12年間にわたって学校に拘束される。小中高を無事に卒業したとすればそれは、学校的価値観にすっかり順応したことの証であるといえる。

私たちは、学校的な価値観に十分に染まっている。すなわち、校則をはじめとする学校のきまりにも、私たちは親和的である可能性が高い。私たちが批判してきた校則を、自分自身の価値観と照らし合わせながら、検討を進めていく必要がある。

(2) 制服をめぐる賛否の声

２０１８年2月のこと、東京都の銀座の中心部にある中央区立の小学校が、高級ブランド「アルマーニ」の制服を導入すると発表し、話題を呼んだ。

その価格は具体的には、上着、ズボン・スカート、シャツ・ブラウス、帽子の一式で4万5千円、任意でセーターなどもそろえると最大で約8万円に達する。保護者からは「負担が増える」などと困惑の声があがっているという（『読売新聞』２０１８年2月9日付朝刊、東京版）。

この決定は同小の校長が独自に下したために、報道を受けて、校長に対する非難の声が一斉に拡がった。保護者からも困惑の声があがっている。ところが各種報道を見ていくと、むしろ多くの保護者はアルマーニの制服に賛同しているようである。

たとえば、「在校生の保護者らから『在校生にも着せたい』といった声が多数、同小などに寄せられている」（『読売新聞』２０１８年3月9日付朝刊、東京版）、「在校生の保護者からは非難は出ていないんです。むしろ『やっぱり質がいい』『かっこいい』と好評。（略）計25万円でした。だけどそれだけの価値がこの制服にはあると思う」（『女性セブン』２０１８

年4月26日号）とあるように、マスコミ報道とは対照的に、保護者の間からはこの制服を高く評価する声が聞こえてくる。

このケースは、銀座の小学校という特殊なものであると見ることもできよう。だが、制服一般についても、保護者の大多数がその使用について肯定的である。

学生服や体操服などの製造販売をおこなうカンコー（菅公学生服株式会社）が、制服を着用している小中高校生の母親（３００名）を対象に実施したインターネット調査によると、制服が「あったほうがよい」「どちらかといえば、あったほうがよい」と回答した保護者は、小学校で97・０％、中学校で96・０％、高校で95・０％に達した。調査時点ですでに制服を使用しているという点でバイアスがかかっているかもしれないが、そうだとしても高い割合で制服が肯定的に受容されていることはたしかである（図１）。

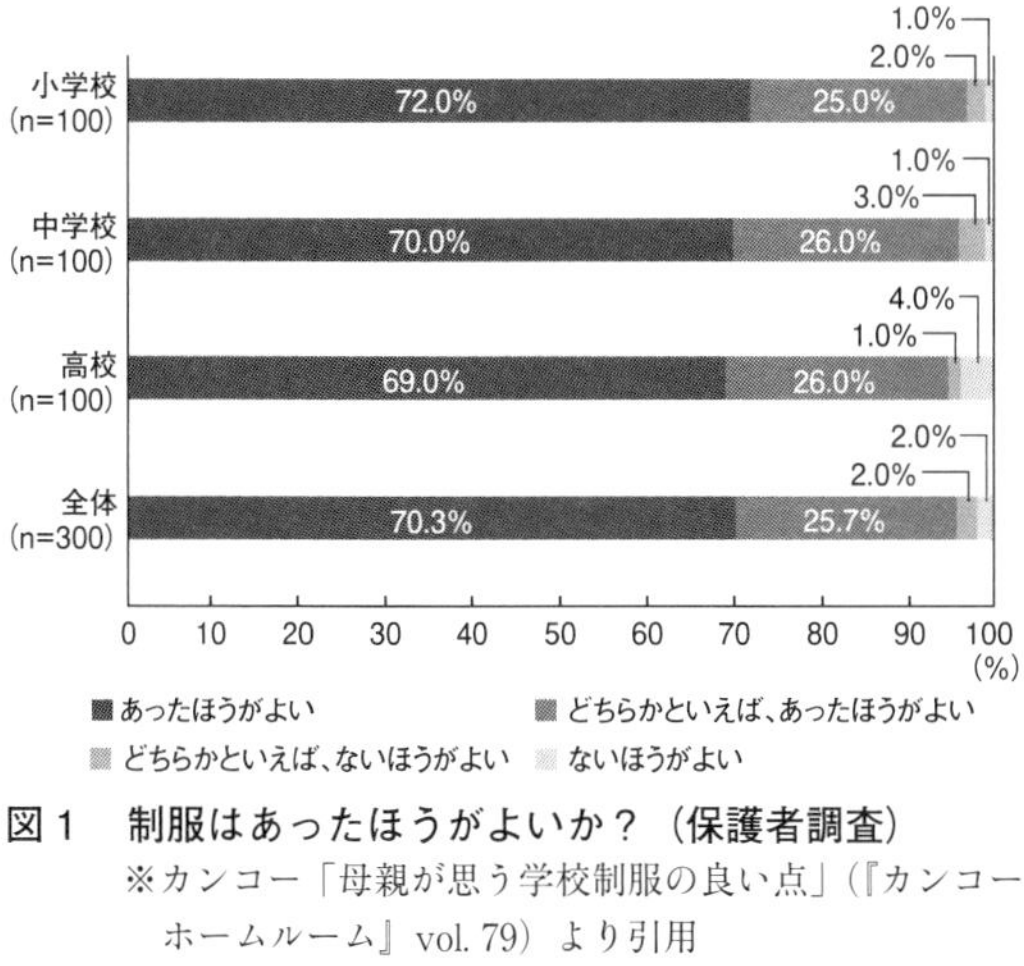

図１　制服はあったほうがよいか？（保護者調査）
※カンコー「母親が思う学校制服の良い点」（『カンコーホームルーム』vol. 79）より引用

(3) 子どもも保護者も校則に肯定的

制服だけではなく校則全般の賛否について、いくつかの調査結果をみてみよう。

内閣府が実施した保護者対象の全国調査（2014年実施、子どもの保護者2487名が回答（回収率は93・1％））では、さまざまな教育問題のなかにおける校則の位置づけを知ることができる。

「我が国の子育てや教育の現状について考えたとき、あなたはどのようなことが問題だと思いますか」という質問において、「テレビやインターネットなどのメディアなどから、子どもたちが悪い影響を受けること」「子どもたちの遊び場が少ないこと」「学校の規則が厳し過ぎること」など計16項目のなかから複数選択可能とした場合、もっとも割合が高かったのは「テレビやインターネットなどのメディアなどから、子どもたちが悪い影響を受けること」（55・8％）であった。

そして、計16項目のうち、「その他」「特に問題とすべきことはない」をのぞいた14項目でみると、「学校の規則が厳し過ぎること」はもっとも割合が低かった（2・7％）。過去の調査（2006年調査、2000年調査）においても、「学校の規則が厳し過ぎること」に対する関心は低く、いずれの年も最小値であった（図2）。

すなわち、保護者にとって校則をはじめとする学校の規則が厳しいことというのは、さまざまな教育問題のなかでもっとも重要度が小さい。さらに数値そのものも数パーセントにとどまっていることから、規則が厳しかろうが、そもそも関心自体がほとんどないという状況である。

また生徒自身も、校則には肯定的である。

福岡県の高校2年生を対象に、2001年、2007年、2013年と3時点にわたって実施された調査では、「学校で集団生活をおくる以上、校則を守るのは当然のことだ」という質問への回答が、3時点で大きく変化している。

全体（男子・女

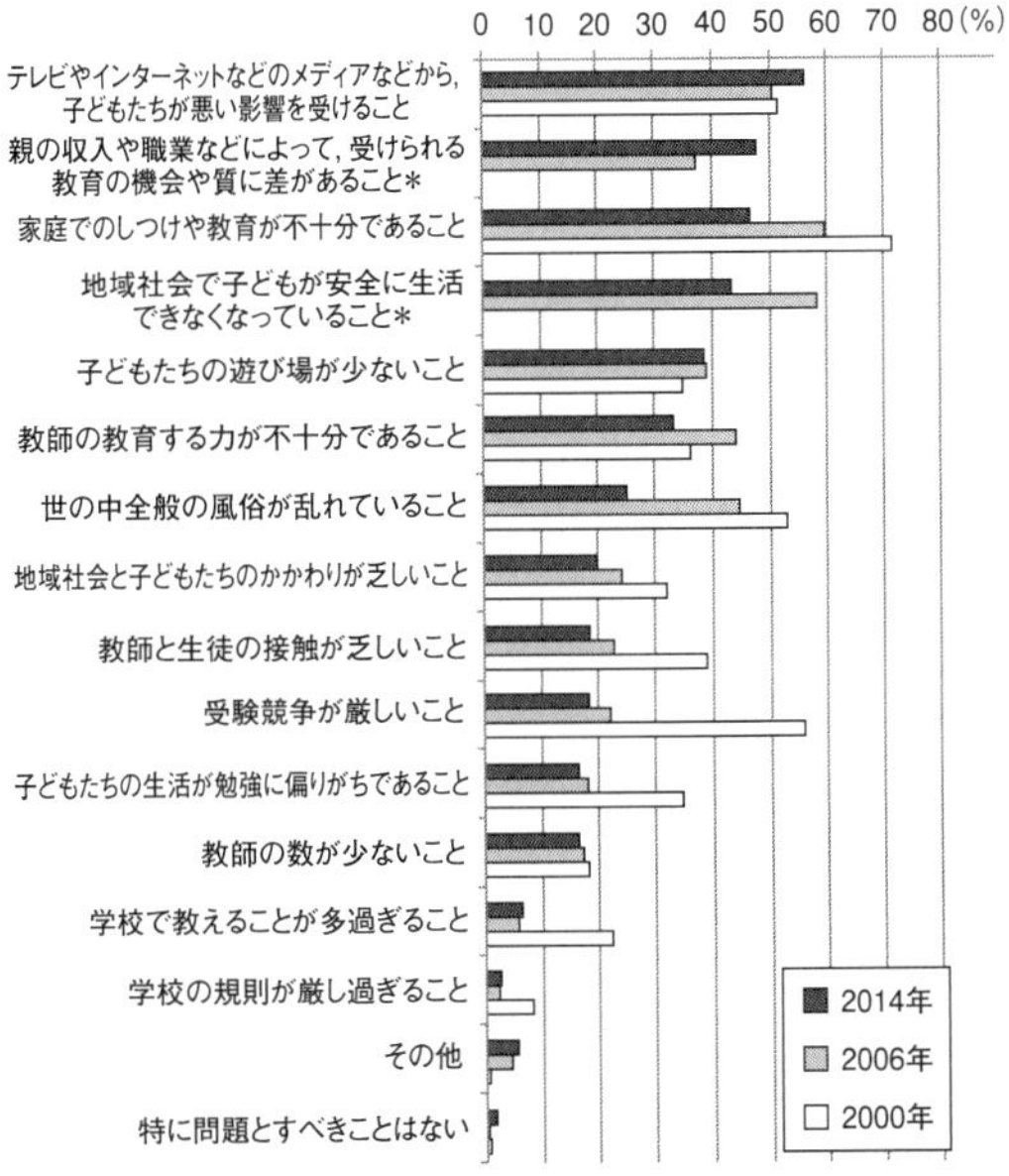

図2　子育てや教育の問題点（保護者調査）

※内閣府「平成25年度　小学生・中学生の意識に関する調査」(2014年に調査・発表)、「低年齢少年の生活と意識に関する調査」(2006年に調査、2007年発表)に掲載されている数値をもとに筆者が作図。図中の＊印は、2000年調査では質問されなかったもの

子）の傾向として、「そう思う」「どちらかといえばそう思う」という肯定的な傾向が、2013年では87・9％に達している。大多数の生徒が校則を守ることは当然と考えている。しかもそれは2001年の68・3％から、約20％もの大幅な増加である。さらには「どちらかといえばそう思う」はほとんど変化がなく、「そう思う」というより積極的な回答が増えている。

なお、男女別にみた場合も同様の増加傾向がみてとれる。そして、3時点いずれにおいても女子より男子のほうが「そう思う」が多い。男子は女子よりも、積極的に校則を受容しているといえる（図3）。

以上のように、総合的にみると意外と子どもも保護者も校則に対する問題意識は、低いよ

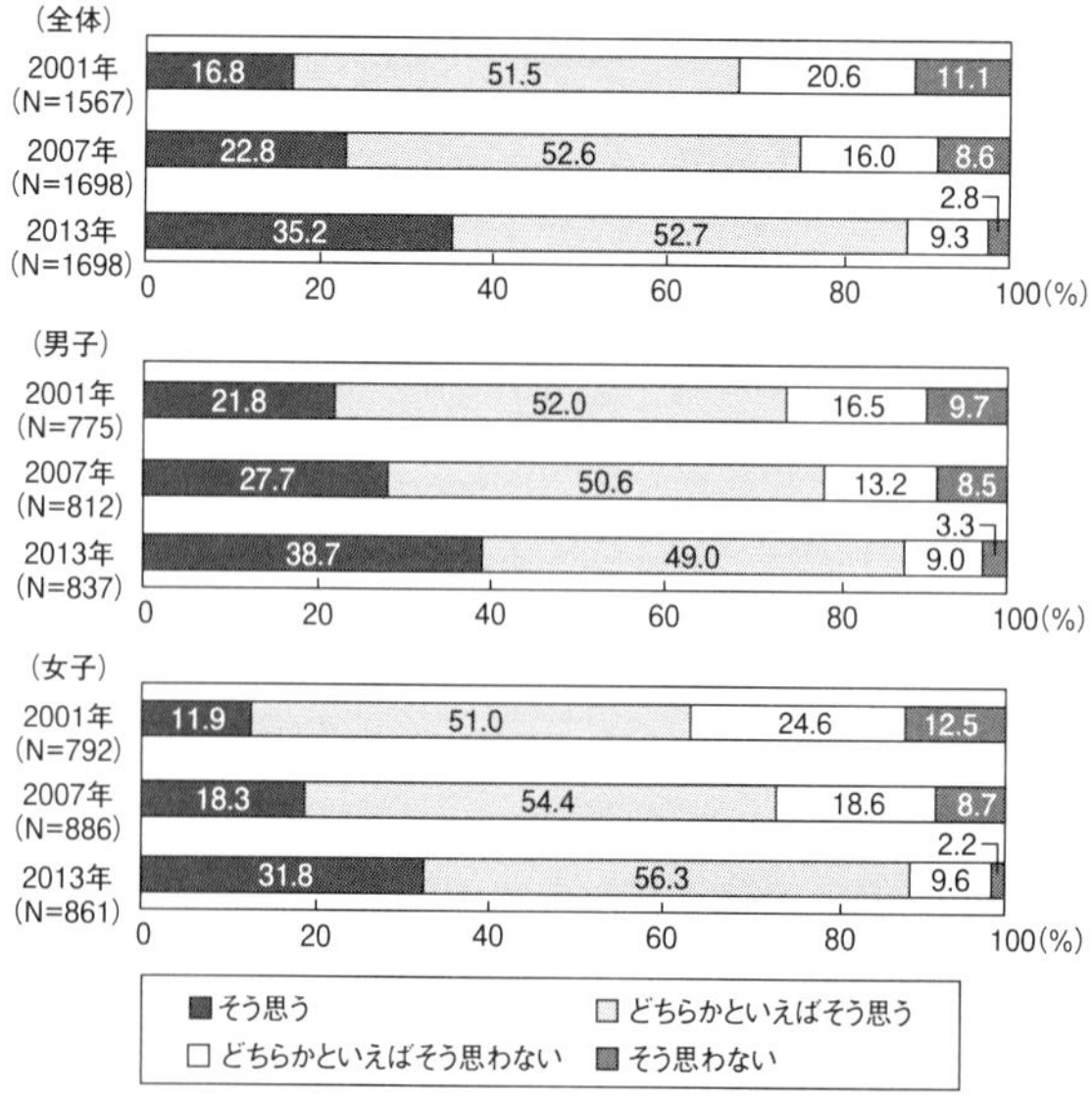

図3　「校則を守るのは当然のことだ」に対する態度（高校生調査）
※平野孝典「規範に同調する高校生」（友枝敏雄編『リスク社会を生きる若者たち』大阪大学出版会、2015）より引用

うである。これは校則が実質的にゆるくなったということを必ずしも意味するものではないものの、いずれにしても校則に対しては寛大な子どもや保護者の姿がみてとれる。そして、これは校則が簡単には変わらないことの背景要因にもなっていると考えることができる。

3 皆で声をあげていこう

(1) 管理が止まらない

ある中学校の教師が、こう語っていた。

正直、うちの学校の校則には、ばかばかしいものが多いです。たとえば、靴下の色が白じゃなきゃだめだとか、髪型もポニーテールはダメだとか。指導する側もされる側も、くだらないとわかっていながらも、やむなくやっているという状況です。

そうはいっても、「靴下は白」と定められていると、黒や紺はもちろんのこと、薄いグレーや、色付きの模様が一点だけ入っていたりしても、それをチェックせざるをえない。そして、「グレーもダメ、色付きの模様もダメ」というふうに指導することになっていく。そこまでやる意味は何なのか、いったい何のためのルールなのか、疑問です。

校則研究の第一人者である坂本秀夫は、『「校則」の研究』(三一書房)という著書のなかで、校則を「部屋のほこり」にたとえて次のように説明している。

> 規則をきびしくすればするほど違反が目立つ。これはきれいな部屋ほど細かなほこりも目立つのと同じである。自由服ならば多少はでな服装も目立たない。だがセーラー服や黒いツメ襟制服で細かな規定をすればするほどわずかな違反も目立ってくる。この取締りのなかにのめり込んでいけばいくほどアラが見えてくるから生徒不信におちいってしまうのである。
>
> 〔坂本秀夫『「校則」の研究』218頁〕

自由な服装が許される集団であれば、白かグレーのちがいなど、まったく目に付かない。色どころか、各自が何を着用しているのかさえ、ほとんど気にならない。だが細かい規則をひとたび運用し始めると、ほんの小さなことが目立ってくる。そして規則がある以上は、その小さなことに指導を入れなければならない。

このプロセスは、じつはエンドレスである。統一感が出てくれば出てくるほど、ちょっとした差異が目に付くようになる。こうしてその微細な差異への指導が入ることになる。

(2) 保護者や地域住民からの目線

校則が深みにはまっていくプロセスを解き明かした坂本は、その背景に保護者や一般市民の姿を読み込み、「市民や親も管理主義を求める」と指摘する。

学校の生活の内容は容易に外からわからない。親も一般市民も生徒の外形だけで判断してしまう。実際のところ外形以外に判断の材料がないのである。生徒の髪型と服装、そして校舎の清掃状態、来客に対する生徒のあいさつなどが判断の主な材料になる。（略）

親から見て生徒の外形しかわからない以上、どうしても外形だけで学校を判断し、管理主義を望むようになってしまう。一般の市民、親がそれとなく校則の強化を望んでいる。少なくとも学校からそのように見えることは確実で、それも又校則を増やす原因となっているのである。

［坂本秀夫『「校則」の研究』219-220頁］

じつに見事な分析である。なるほど、地域住民が子どもの元気な挨拶を受けて、学校にお礼や励ましの電話を入れるのは、「地域あるある」だ。また、夜中にコンビニ前に生徒数名が集まっているのを見て、翌日に学校に忠告・指導の電話を入れるのも定番である。

挨拶だろうが深夜の交遊だろうが、それが学校管理下ではない土日に起きたことだとしても同様である。子どものおこないの善し悪しに関係なく、学校に連絡が入る。

服装で人を判断し、また統率がとれているほど規律正しいとみなす。学校外の人びとにとっては、とりわけそうした外見でしか、学校の様子を知ることができない。

こうした保護者や地域住民からの目線を感じるがゆえに、学校は厳しい校則を適用する。そしてひとたび校則を運用し始めると、「部屋のほこり」のように微細なところにまで管理が入り込んでいく。

前節で指摘したように、校則に対する保護者の期待は大きい（問題意識は小さい）。学校側が外見にこだわりながら、子どもを厳しく管理しようとするのは、けっして教師だけの問題ではなく、保護者や地域住民を含めた「学校化社会」の問題である。

そして最後に、坂本の著書『「校則」の研究』が、いまから約30年前の１９８６年刊行であるということを付け加えておきたい。まるで今日の状況を指し示しているかのようにリアルな分析である。

言い換えれば、概してこの30年の間、教師も保護者も地域住民も、ほとんど変わっていない。ときに「理不尽だ」「おかしい」という声があがりながらも、全体を改革するほどに大きなものにはなっていない。教師だけを責めるのではなく、保護者と地域住民全体の問題として皆で声をあげていくことが必要である。

対談

「ブラック校則」から「ホワイト校則」へ

荻上チキ × 内田 良

Chiki Ogiue　Ryo Uchida

いま、校則について問題提起する理由

荻上　2017年、大阪の女子高校生が生まれつきの髪色を黒く染めるよう強要され、不登校になったことから裁判を起こした。その報道に触れたことが、僕が校則問題に取り組むきっかけでした。

そもそも僕自身、学校で多くの理不尽な経験を受けてきました。そんな思いをする子を減らしたい、できるだけ安全安心な教室環境をつくりたい。そういう観点から、これまでも教育について幅広く問題提起してきました。『ブラック校則』もその一つだと思います。

内田　今回荻上さんは、「ブラック校則をなくそう！　プロジェクト」のスーパーバイザーとして、調査を主導的に行っています。

荻上　僕は評論家のモットーとして、ある問題に関心を持ったとき、その問題の研究成果とメディアをうまくコーディネートしてつなげることが役割だと思っています。ただ調べた限り、「校則の専門家」というのがほとんどおらず、現代についての調査もありませんでした。だから専門家と協力して問題提起をしたいと思い、組み

荻上チキ

体操や部活動などの教育分野の問題で精力的に発信をしている内田さんに、調査設計や分析面で協力して頂いたのです。

内田　確かに校則については、近年アカデミックな議論は多くありません。かつて、80年代頃に管理教育に対する批判が論じられた時期はありましたが、それ以後、教育学で取り上げられることは少ないようです。私が専門とする教育社会学でも、いじめや不登校といった教育問題は議論されてきたのですが、管理教育への関心は低かったように思います。そこには、管理教育、とくに校則の問題がいわゆる「マスコミネタ」と見なされ、あまり研究対象として扱われてこなかったという事情があるように感じます。

それゆえに本書が、プロジェクト独自の調査結果の提示に加え、マイノリティや貧困に校則が及ぼす問題といった、差別や格差の問題に具体的に踏み込めたのは大きな意義があります。これまでもいわれてきた「管理だからダメ」「人権侵害だからダメ」という指摘は正しいのですが、個別具体の観点を示せたことで、より説得力のある問題提起ができたと言えます。

荻上　本書の第2章では多くの事例を取り上げましたが、プロジェクトに寄せられた多数の例の中でも、2010年以降の新しいものに絞っています。**ブラック校則は**

内田　良

「昔はあったかもしれないけど」ではなく、現在もれっきとして存在する問題なのです。その意味で、内田さんが組み体操などの問題を社会に呼びかけ、世の中を変えていったプロセスは、ブラック校則を変えていくためのロールモデルとなると考えています。

校則の「ソフトな管理」が進展していた

荻上　子どもの権利、セクシュアルマイノリティや発達障害、貧困家庭の問題など、子どもたちを取り巻く状況への理解や配慮も少しずつ進んでおり、学校の状況は改善を続けているとも言えます。だから調査を行う前は、管理主義の時代から人権を擁護する観点での配慮が進み、「問題のある校則や指導は存在するが、全体としては緩やかに改善している」という仮説を予想していました。

しかし、実際の結果は驚くべきものでした。第1章でも論じている通り、毛髪や下着の色の指定などの**細かな規制による管理が以前より強化されていた**のです。私は**「ソフトな管理主義化」**と呼んでいるのですが、細かな服装や所作まで画一化させるような指導が増加する傾向が見られました。これには正直、ショックを受けました。もちろん、以前より全面的に悪化しているわけではないのですが、人権意識の高まりの裏でこのような後退があろうとは。

内田　「ソフトな管理主義化」の強化を示せたのは、この調査の大きな成果です。率直に言って、本来研究者がこういった調査・分析を行い、指摘すべきでした。研究者の1人としては、悔しい面もあります。教育学が校則の現実を捉えられていなかったということですから。

荻上　ただその背景には、80-90年代のジャーナリズムや司法、研究者による管理主義教育批判にもかかわらず、校則の裁判で主張が認められなかったという絶望感があると思います。同時に問題行動への対応としての、管理教育からゼロ・トレランス（厳格な懲戒・処分）という現場の流れを止められなかったことで、研究者の失望を生んだのかもしれません。

エビデンスベースドの学校改善へ

荻上　私自身、漠然と「以前よりも校則はよくなっているだろう」と思っていましたが、同様に多くの方が、その実際や全体像を把握できないまま、印象論や個別の経験だけで議論をしていたように思います。

大阪の女子高生の裁判は、それを変える大きなきっかけでした。これを受けて大阪府は調査を行い、府立高校の9割がなんらかの頭髪指導を行っていることがわかりました。メディアも、朝日新聞が東京都内、産経新聞が近畿圏の二府四県で指導状況を調査したところ、東京の都立高校（全日制）では6割、近畿圏の7割で「地毛証明書」を求める頭髪指導を行っていたのです。この数字のインパクトは大きく、私もこれをみて掘り下げようと思いました。

内田　改めて、きっかけは一人の当事者と、そこからつながった調査だったのですね。

荻上　そうです。それに呼応して社会のオピニオンへとつなげていくために、足りないソースを探そうとしたのが、この調査の直接の動機です。

ただ、今回の調査や本書では、個別の子どもへのインタビューや、現場の通史の整理までは踏み込めていません。だから、「ブラック校則が蔓延する理由」はわからないままです。

内田　それは、むしろこれから教育学が解き明かすべき課題だと思います。例えば組み体操問題もそうだったのですが、高さ数メートルにもなる巨大な組み体操はあきらかに危険です。しかし、現実には全国各地で当然のように行われてきていました。常識から考えても危険でおかしい習慣や行為が、学校現場には存在しています。

校則も同様です。不審者対策や学校事故の教訓から、学校を安全にしていく動きは確かにありますし、特別支援教育をはじめ、個別の配慮も進んでいます。他方で心身へのダメージを顧みない、あきらかにおかしな校則が多く広がっていた。管理主義が過去のものだったどころか、ある面で悪化していた背景や理由は、研究で明らかにしていく必要があります。

荻上 そうですね。ただ、原因や歴史的背景の追究はアカデミズムに任せて、僕自身の役割は、いまの校則をどう変えるか、どういう未来をつくるかを示すことと思っています。今回の調査で、校則の持つ問題点などを、エビデンスの形で示したという成果がありますから、そこから世の中を変えていく動きにつなげたい。

小学校の校則問題

荻上 もう一つ、今回の調査で踏み込まなかったのが、小学校の校則です。髪染めや服装指導など、校則問題は中学や高校の話と思われがちですが、小学校にも問題は存在します。
例えば給食。かつて、ごはん・おかず・汁物の食べる順序を指導する「三角食べ」などが、管理教育の観点から推奨されていました。それ以後は自由に食べられるようになったと思いきや、今は「食育」を理由に、細かく指導する学校も見られます。子どもの食物アレルギー対策などの個別の配慮は進んでいますが、それは保護者の申し出による「個別のケース対応」で、それ以外はみんな揃えて、同じようにしましょう、という要素がむしろ強まっているといえます。「好き嫌いゼロ」を掲げることや、食べきれなかったら休み時間禁止という例も未だにあります。

内田　食育でいうと、「クラスの食べ残しをゼロにしよう」というクラス目標の例がありました。どう達成するかというと、クラスの中でもよく食べる子が、「自主的に」手を挙げて食べることになるわけです。とある保護者は、「うちの子は、給食の残りがあるときに、使命感から『食べます』と手を挙げて、平らげることになっていますが、本当は辛くて家で泣いているんです」と。その子は強制されているわけではない、しかし想像できるように、周囲の子の期待から、手を挙げざるを得ない状況になっているわけです。完食が個々人に強制されるわけではない。けれど、クラス全体に強制される。そしてやむなく誰かが完食してくれて、クラスの目標が達成される。そこまでしてクラスの完食達成に、いったい何の意味があるのか。

荻上　私が聞いた事例で気になったものは、「給食をよそう量は自分で決めていい、しかしよそったら必ず全て食べる」という決まりです。できるだけ残さず食べよう、というのは良いのかもしれませんが、食べている途中で満腹になったり、気分が悪くなったりすることもあるでしょう。それを、「ルールだから」と全部食べることになった場合、気分が悪くなって授業や生活に影響を与えたり、逆に全部食べられなかったことに罪悪感を抱かせたりすることになります。楽しみながら栄養について学び、必要で適切な量や好みを考えながら食べる、という大元の考え方から外れるでしょう。ここでは給食についての例に留めますが、小学校におけるブラック校則についても、機会を改めて取り上げたいところです。

非行防止からおしゃれ禁止へ

荻上　1980年代の管理主義批判の影響から、文部省（当時）は1991年に「校則見直し状況等の調査結果について」という通知を出しました。その結果、服装を見直した学校が6割、頭髪を見直した学校が3割、と大きな変化がありました。

注目したいのは、その変化の仕方です。当時「男子は丸刈り、女子はおかっぱのみ」の校則はおかしい、という考えは共有され、それ以外の髪型がOKになりました。しかしその変化は、「丸刈りだけ許す」から、「耳にかかるまで、襟足にかかるまでOK」などでした。つまり緩和したものの、細かな規制のルートは残されたのです。現在でも、触角（両サイドの髪を顔に沿わせた髪型）やポニーテール、ツーブロック禁止などの校則もあります。今回の調査の例として、ある学校では編み込み禁止、逆にある学校では「結ぶときは編み込むように」と割れているのです。その背景を見ると「編みこみは中学生らしくない」「編み込みこそが中学生らしい」と両方の考えがあるんですね。もう、その学校間で勝手に議論して欲しい（笑）。

内田　一つの形を指定してそれ以外を許さないやり方から、基準をつくって厳しく指導する形に規制の仕方が変わったという視点は重要です。緩和自体はあったと言えますが、子どもたちの個性を抑制することは変わらなかったというわけですね。

荻上　頭髪指導についていうと、かつて茶髪はツッパリやヤンキーの象徴でしたから、その指導は「非行防止」として一定の合理性があったのかもしれません。しかし90年代以降、茶髪＝ヤンキーの図式はもう薄れています。茶髪は「ファッション」になったわけです。

それでも学校での取り締まりは続きます。なので、指導のロジックが「非行防止」から「おしゃれ禁止」に変わります。「おしゃれができない子もいるんだよ」「おしゃれが原因で友だち同士トラブルになるよ」といった、公平原則を口実とした制限です。

でも、それは指導の根拠にはなりません。おしゃれをする、個性を発揮すること自体がトラブルの原因ではないのですから。火種となることはあっても、もしトラブルになりそう／なったときに介入するために教師が存在するわけです。おしゃれは罪ではない。ただ個別対応にリソースを割けないから、子どもの個性の発揮を理不尽に制限する形で「予

防」しているのです。

内田　理不尽に制限することで、学校の日常をやりくりしやすくする。その意味では、指導に合理性がないわけではない。でも、それが人権の面から見て正しいのか、個を尊重できているのか、という検討が必要です。

荻上　服装でいうと、大学デビューなんかそうですよね。入学後何を着ていいかわからず、私服ダサい問題が起こってしまう。これは笑い事ではなく、私自身こういった自分の個性の発揮の仕方を、もっと早い段階から学んでおきたかったという思いがあるんです。

学校で楽しんではいけないのか

荻上　おしゃれだけでなく、「楽しむことがダメ」という観点での規制項目も増えていきました。例えば、最近は熱中症の危険性も知られており、学校に水筒を持ってきてよいことになってきました。でも、ある学校のきまりだと、持ってきてよいのは、水以外だとお茶もしくは2倍以上に薄めたスポーツ飲料水。

内田　どういうことですか？　普通にスポーツ飲料水ではダメだと？

荻上　甘い飲み物、嗜好品として楽しんではいけないという意味だそうです。本当にばかばかしい。アメリカやヨーロッパの様々な国をみても、飲食が自由な所は多い。電子機器でもゲーム機でも、授業の邪魔にならなければ持ち込み可。海外ドラマをみればわかるでしょうが、法律に触れるものはダメですが、法に基づく範囲であれば、多くの場合学校で規制していません。日本の学校で、そういった意味のない決まりがはびこりすぎじゃないでしょうか。

内田　僕は高校に入った頃、学校の玄関にジュースの自販機があることにびっくりして、感動した記憶があります。「学校でジュース飲んでいいんだ！」と。

荻上　そういえば、僕もそうでした。食堂に自販機があることに感動しましたね。

高校ということで思い出したのですが、僕の母校の高校は制服も頭髪の制限もなく、法に触れなければたいていのことは問題なし、という自由な校風だったのですが、最近、髪染め禁止など決まりが増えてきたんです。新しい校長が、偏差値を上げる、規律を保つといった理由で導入したが、保護者や卒業生、それに生徒達が怒っている。そこで、「かつての自由な校風だった頃の話をして欲しい」と講演を頼まれたのです。

その講演のあと、生徒たちとだけ話す機会がありました。僕はかつて軽音部に入っていたので、その後輩達にこんな話を訊きました。高校の文化祭の2日目の夕方、打ち上げでライブが行われるのですが、軽音部は会場の盛り上げ役なんですね。だから、盛り上げる力のある、周囲にも評価されているバンドが選ばれる。ところが、出る予定だったバンドのメンバーに茶髪の生徒がいたので、校長から注意され、出られなくなってしまった。

内田　えー、ひどい！

荻上　それで、急遽バンドが変更になった。代打のバンドはみんな黒髪。そしたら、ボーカルの子がＭＣで、「オレ、髪は黒いけど、頭は悪いぜ！　イェーイ！」からはじめて「ジャーン」とかき鳴らした（笑）。僕も話を聞いて、「最高じゃん！」と後輩達を褒めちぎりました。

内田　それは痛快（笑）。すばらしい高校生ですね。

理不尽な指導は「脳への暴力」という体罰

荻上　教師の思っている以上に、生徒は理不尽な指導に苦しんでいます。そのことは、今回の調査の声からもわかります。

私の持論ですが、体罰というのはもっと広く捉えるようにすべきです。一般に体罰とは身体へのダメージ、つまり殴ったりする身体への侵害や、ずっと正座させ続けるといった肉体的苦痛を与えるものと定義されています。単純化して話をすると、グーで殴ったら、体に対するわかりやすい侵害ですから、「体罰」だとみなされやすい。他方で、ハラスメントや指導死の原因にもなる羞恥刑は、定義上体罰とは見なされません。

ですが、これらは**「脳への暴力」**なんです。ストレスが一定の負荷を超えると、脳は不可逆的にダメージを負います。あるいは心性が特定の方向に形成されてしまいます。例えば学校で、ある子どもの特徴をみんなでいじったり、見た目で評価をすると、様々なストレスを与え続けることになります。そうなると、不可逆的に自尊心を傷つけてしまったり、場合によっては命をも奪うことになってしまう。私はうつ病ですから、その苦しさを日々痛感しています。

同様に、やりすぎホームワーク、部活の過度の練習など負荷を与えすぎると、子どもたちは過労になってしまう。その悪影響を、教員も私たちも、しっかり共有すべきです。その意味では、不適切指導、ブラック校則、そういったものは「脳への暴力」という具体性を持った体罰だと考えるべきです。

もちろん、これらの問題が「人権侵害だ」というこれまでの主張は正しいのですが、よりアクチュアルに捉えてもらうために、この定義を広めたいと思っています。

内田　言葉の暴力も、脳という身体への負荷を与えている。ブラック校則によるハラスメントや生徒の苦しみは、体罰の一環として捉える方が明示的ですね。

荻上　**心と体を分ける必要はなく、「人を壊す」ものは、体罰として問題だと考えるべき**です。実際、文部科学省が平成26年に行った「不登校に関する実態調査」によると、複数回答で不登校の児童生徒の10％が、「学校のきまりなどの問題（学校の校則が厳しいなど）」

で不登校になったと回答しています。おおまかに行って、不登校児・生徒は1年間に10万から12万人出てきていますから、単純計算で言うと、校則や学校の理不尽な仕組みに苦しんで、毎年1万人が不登校になっているのです。

内田　「校則がいやなら学校辞めれば」という言い方がありますけど、こういった発言は、学校システムを生き延びた、生存バイアスのかかった人の意見です。学校に適応した立場から、校則がもたらす苦悩を過小評価しているのです。

ブラック校則に「効果」はあるのか

荻上　校則が厳しくなる理由として、過去のトラブルへの再発予防・対応であることが多いようです。それと、地域との関係です。より多くの生徒を獲得したいから、規律を守る学校であることをアピールしたり、地域の他の学校よりも落ち着いていることを重視したり。いずれも大人の側の理屈で、子どもの側から考えているとは言いがたい。

内田　「なぜ校則で厳しく取り締まるのか」という問いに対して必ずある答えが、「学力が落ちてきたから」といった学力の問題や、「荒れを抑制するために」という観点です。

荻上　今回の調査からも言えるのですが、学力が低い学校と校則の厳しさが相関関係にあるわけではありません。「学力の低い学校に厳しい校則を導入する」ということはあっても、ひっくり返して「校則で厳しくすれば学力があがる」とは、実証されていません。そもそも、学力が低いといわれる学校は、単にその生徒達の成績が悪いというだけで説明できる話ではありません。その地域、あるいは各家庭の背景事情ゆえに荒れやすい、問題が生まれやすいと考えられます。そのそういった背景に個別対応できないがゆえに、厳しい校則を導入して一斉に取り締まっている。となると、「《問題児童》を排除したから、平均的な成績があがった」ということだって考えられるわけです。

厳しい指導ゆえにストレスから荒れを誘発することもあるでしょうし、授業への集中力を奪う、ということだってある。さらにいうなら、服装や毛髪を厳しく取り締まることで、指導対象の子どもに逸脱のラベリングを生み出している可能性すらあります。「校則をすべてなくそう」と言うつもりはありませんが、「校則をなくせば生徒が荒れる」「校則をなくせば学力が下がる」ということには根拠がない。

内田　校則の「効果」という点でいうと、例えば威圧的な指導で、その瞬間生徒を従わせることはできるでしょう。それどころか、そのような指導に感謝されることもありえます。その限りにおいて、瞬間的・短期的に「教育効果がある」可能性はあります。そうした即時的な成果ゆえに、理不尽な校則を強いる指導が行われている経緯はありそうです。

荻上　ただその一方、体罰や怒鳴るといった高圧的な指導、および連帯責任などの理不尽な仕組みを導入することで、いじめが増えるという研究結果がでています。また、体罰を目の当たりにしてきた生徒は、体罰に肯定的になる傾向にあります。暴力を否定しない市民を育成することにつながってしまうのは大問題です。

内田　瞬間的には効果があったとしても、長期的には問題を引き起こし、後退させるメカニズムにあるわけですね。

荻上　さらにいうと、仮に効果があるとしても、**校則を厳しくした結果非行が改善するというのは疑似相関**なのではないかと思っています。例えば、校則を守らない生徒を指導する過程で、先生たちは時間をかけて子どもたちと向き合います。この時の生徒とのやりとりや時間の共有が、非行や生活の改善につながることも考えられます。だとすると、校則は単なるきっかけに過ぎなかった。むしろ、校則を抜きにして、ただ個々の生徒と密に関わることのほうが効果的なのであれば、真の相関は子どもとの信頼関係やケアの方にあるのではないかと。

内田　なるほど、それは説得力がありますね。ダイエットでよくある話ですが「この商品で〇キロやせました!」というダイエット商品の宣伝も、そもそも購入する人は「ダイエットしたい」と思っており、その商品を使う以外にも、食べ物や生活に気を付けているはず。だから、やせたとしてもその商品のおかげではなく、別の要因かもしれない。同じように、問題行動を減らしたのは、校則ではない別の要素という可能性は充分考えられます。

ただ、僕は仮に厳しい校則で問題件数が減ったり学力が向上しても、肯定はできません。実際、そういう結果を出した学校の話を聞いたこともありますが、「問題行動がなくなるならば、多少理不尽な指導でもＯＫ」と、容認すべきではないのです。そうではなくて、各家庭や地域背景など、個別の背景に向き合って、理不尽ではない仕方で問題を解決すべきです。

荻上　同感です。アメリカの作家の言葉で、「正しいことと、やさしいこと。選ぶなら、やさしいことを」というものがあります。「正しさ」が本当にいいものとはかぎらない。ならば、手間や時間がかかったとしても、やや不合理というくらいなら倫理的な選択肢の方を、という尺度で考えるべきでしょうね。

教師も苦しい

内田　こういう議論をすると、先生の側からは「そんな時間も余裕もない」という反論があるでしょう。それはその通りなんです。そもそも教師は非常に忙しく、超過勤務が常態化している上に、「給特法」という法律のため、給与の４％を収入に上積みされるかわりに、残業代が支給されません。膨れ上がった時間外勤務はすべてサービス残業となってしまう。

だから、ここまで話したように、個々の生徒にもっと向き合って支援をすることが必要ですが、同時に教師がそれをできるようにするような働き方に改める必要があります。

荻上　教師は「聖職」と呼ばれますが、そもそも労働者だと認識を改めるべきです。

内田　「聖職」とみなされることも含めて、教師はその立ち位置や職業観があまりに特殊であり、それが先生自身を苦しめています。その結果労働が長時間に及び、子どもを個別に見ることができていません。そのためにも、**業務量の大幅な削減と教職員の増加が、ブラック校則問題を解決するための必須条件**です。

荻上　僕は提案をフルパッケージで考えるようにしています。この問題も、景気対策の財政出動の一つとして、教員増の政策をとればいい。そうすることで子どものマンパワーが拡大すれば、子ども一人当たりの徴税率もあがり、また納税者も増える。未来への長期的な投資として大きな意味がありますよ。

それと同時に、教師の資質を高めるためのサバティカル（長期休暇）の導入も求めたい。大学では普通に行われているのですが、免許更新と同じくらいのタイムスパンで、半年くらい勤務校を離れて大学など研究機関で学び、その時点で自分の専門教科や教育学など、最先端の研究内容を学ぶ仕組みです。そうして現場に帰ってきた先生が、研修のリーダーとしてその知見を伝え、アカデミックな知見が現場で更新されていきます。教師は子どもの身近な大人というだけでなく、はじめに触れる科学者ですから、科学的知見を更新し、学校で共有できる仕組みが必要だと思います。文部科学省には、そういった政策を求めたい。

内田　業務量全体の削減と、個々の教師の資質向上、両面での充実が必要ですね。

社会を温室化するために、学校を温室化すべき

荻上　校則の改善は、生きづらい社会の改善だと思っています。よく、「社会は理不尽だから、理不尽さに慣れておくべき」という理屈で、ブラック校則を擁護する方もいらっしゃるようです。しかし、これは根本的に間違っています。それ自体苦しい理不尽に慣れたら、理不尽に気付かなかったり、それでも耐えようとするわけで、現状の社会の理不尽を再生産するだけです。そうではなく、**「理不尽に気づき、声を上げられる人材」を育てるべき**です。**学校をもっと温室化して、そこから社会を温室化していきましょう**、と。

内田　教師側も同じで、教師は「苦しい」と言ってはいけない職業だったんです。最近やっと「長時間働きたくない」「部活顧問は嫌」と、弱音を吐けるようになってきました。ただ、それに対して紋切り型のように言われるのが「だったら教師を辞めれば」という言葉。「教育実習にも行って、どういう仕事かわかって教師になったんでしょ」と。

荻上　僕も教員免許を持っており、教育実習も行きましたが、部活顧問や残業、土日出勤といったおかしなところまで実習の段階でわかるわけないですよ。そもそも、大学ではいじめ対応や個別の教育スキルは、座学で学ぶのみで、具体のトレーニングはほとんどありません。だから、基本的にはＯＪＴで学ぶことになるのですが、その職員室という場が理不尽の巣窟になっている。それに耐えている先輩を見て育つわけですから、理不尽に過剰適応する先生も出てきます。「理不尽だ」と声をあげる先生を「教師に向いていないんじゃない」「だったら教師を辞めれば」と攻撃するわけで、改革のサイクルが遅れてしまう。

内田　「理不尽だ」とまず声をあげて、それを問題の俎上にあげて改善していくのは、生徒の側も先生の側にも必要ですね。学校の温室化は、喫緊の課題です。

荻上　くれぐれも、温暖化ではなく「温室化」ですからね（笑）

学校に社会の風を入れるには

内田　教師の長時間労働と同時に問題なのが、**学校にある独特の評価尺度**です。遅くまで残っている先生、土日も部活に捧げているのがいい先生で、早く帰るとやる気が無い先生、と見なす文化があって、市民社会の尺度とはズレがあるように思えます。同じように、校則の取り締まりを細かく厳しくやるほど「熱心な先生だ」と見なされる向きもあるようです。

荻上　ある職業特有の価値観や尺度はあるでしょうが、学校におけるこのズレは問題の根源の一つです。子どもの服装や髪型、さらには下着の色にまでチェックし制限をするのは、社会一般の目からすると明確におかしいし、それ自身がセクハラになっていることにも目をつぶっています。**市民社会よりも学校の尺度・論理を優先する**状況があるわけです。

内田　組み体操もまさにそう。僕がその危険性を認識して呼びかけ始めた頃、市民からも「高さもあるし危険だ」という声が出ました。しかし学校は「子どもはみんな楽しんでいる！　盛り上がって達成感がある！」と反論するわけです。市民の声が増えるにつれて、「かつて自分も痛かった、つらかった」という人々の声も広がってきて、やっと安全面からの規制が進み始めました。危険性や苦しさよりも、教育的達成感を優先するという構造の歪みがある。

荻上　髪染めの問題も、学校からの意見として「地域からの評判が無視できない」というものがあげられています。学校の校風が、子ども自身の権利や健康よりも優先されているわ

けです。個人よりも社会、国民よりも国体、みたいな。

内田　その指導の仕方も、別室で授業を受けさせないのは大問題です。学校の役割のうち、授業は最優先の場です。授業を妨害した生徒を教室から離れさせるのに合理性はあるかもしれないけれど、本人の見た目を理由に授業を受けさせなくさせるのは、本末転倒です。

荻上　問題を解決する際の方法には、いろいろな尺度があります。今、学校独特の指導尺度と、教員の労働合理性の尺度から校則が運用されていると思いますが、個々の子どもへのケアが有効ならば、スクールソーシャルワーカーの活用、個別の家庭援助や補習授業、放課後支援、居場所づくりなど、方策はいろいろあります。先生は学校という場にずっといて、自分も理不尽な校則を経験しているので、「学校はそんなもの」と諦めている。だから、**学校的尺度以外の選択肢をもっと充実させるために、風通しを良くして地域や社会・保護者の目を入れる方**がいいんです。その機運も高まってきています。

社会の関心の広がり

荻上　２０１８年3月に「ブラック校則をなくそう！　プロジェクト」で記者会見をしたときに印象的だったのが、これまでの経験に比して女性記者から驚きや大きな反応があったことです。特に、下着のチェックがこんなに横行しているということへの驚きから、多くの記者達が記事にまとめてくれ、反響につながったように思います。

その結果、2018年6月の時点でも改善の動きが広がっています。たとえばある例では、ランドセルやカバンが重すぎて健康被害の恐れがあるため、教科書を教室におく「置き勉」を認めたり、辞書を共有したりして、荷物を軽くしています。また富山や大阪では、校則を「毛髪は黒」ではなく、「生まれつきの髪の毛の色のままで登校すること」と変更することで、生まれつき茶髪や金髪の人はそのままでよいことになりました。当たり前すぎる内容で、そもそも染髪を禁止することへの問いは残りますが、小さな一歩ではあると思います。

2018年6月に起きた大阪地震では、「災害時なのに、ケータイ持ち込み禁止の校則が徹底された。さすがにどうなのか」という不満の声があがりました。こうしたことをきっかけに、平時のルールの見直しを進めることも大事です。

内田　5月には、体操服の中に肌着を着ることを禁止するルールの存在がメディアで取り上げられ話題になりました。著名人からの疑問の声もあり、変化の流れは確実に見えています。

荻上　ブラック校則は国会でも取り上げられ、文部科学大臣が①個人の尊厳を著しく傷付ける指導はあってはならない　②校則は生徒が主体となってその都度見直されること、という答弁をしました。一見ゼロ回答のように思えるかもしれませんが、これを根拠に、①

「個人の尊厳を傷つける指導のNGリストを設けること」、②「生徒の校則への提案を、学校は尊重しないといけない」といった次の動きへつなげることができます。文科大臣が国の指針として言っているんですよ、と主張できるわけですから。喫緊の課題として、まず人を壊す「体罰」にかかわる校則や指導を禁止し、NGリスト化することを、子ども参加の上で行うべきです。

内田　リストをつくるというのはわかりやすく、実効性も高いですね。

子ども視点での校則の見直し

荻上　校則を変えていく上で必須なのは、これまでの大人・教師の側の都合ではなく、**見直しを子どもの視点から行うこと**です。いま、社会が盛り上がっていることを生かして、一気にすすめましょう。

そのプロセスは、トップダウンで国や教育委員会が旗を振って進めるというものでも、子どもや保護者を巻き込んで個々の学校から進めるのでも、どちらでもいいと思います。ただ、校則の見直しが一過性のものではなく、「みんなで見直し続けるもの」という意識を血肉化するには、市民参加のプロセスの中で校則を変えていく経緯が、文化的進歩の広がりとして重要だと思います。この点で、第10章のPTAの立場の論考や、第11章の教師から見た保護者や地域の介入の議論が参考になるのではないかと思います。

具体的な校則の決定プロセスとして参照したいのが、デモクラティックスクールです。これはフリースクールではごく普通に行われる方式ですが、何をするかは生徒との話し合いできめる。授業のコマ割りから、場合によっては予算編成まで。その結果、例えば修学旅行の行き先について、同じ学校のAチームは都会にいく、Bチームは登山など体を動かす、Cチームは旅行で行かない代わりに、校内で楽しく学ぶイベントを行う、など、自分たちで決めていく方式です。本来、子どもたちにある考えや選択肢、輝かしい可能性に視野を広げたいのです。その場合、**先生の役割は子どもたちを細かく監視するのではなく、適切に見守り、介入すること**にあります。

内田　以前、ある教育委員会の研修で、学校事故のケーススタディを検討するワークショップに参加したのですが、先生方は細かい危険を含め、非常に丁寧に検討していました。時間と機会があれば、先生達はちゃんと熟慮する。本書で挙げられている下着の色や髪の色、ちょっとした長さなんて、改めて考えればばかばかしいことです。でも、先生達は「それを指導するもの」と身についてしまっているので、その理由や根拠を問われても「校則は校則だから」と、まともに対応しないのです。先生方に時間と機会があれば、どういう指導や校則が望ましいのか、子どもや保護者を交えて真摯に検討してくれるはずです。

だから、改善の方策はまず、先生方の価値観を内側から変えていくことです。現状は、前例踏襲で仕事を引き継ぎ、さらにあれもこれもと仕事が増えていっている。それは、「昨年と同じように」と仕事を回すのが一番楽ということもありますし、そもそも社会状況に合わせて学校の状況を見直す時間も余裕もないからです。あらためて今の働き方と校則の改善は、非常にリンクしていると思います。繰り返しになりますが、**先生方に時間と余裕をつくって、見直せる状況を形成する**ことが必須ですね。

相談できる人はたくさんいる

荻上　今なお「理不尽な校則に耐えられなければ、社会でやっていけない」と主張する大人はいます。ですが、**理不尽というのは耐えるものではなく、理不尽な状況を変えるか、身を守るなり逃げるなりするもの**です。そのように変える手段や逃げる手段を、本来は大人が確保する義務があります。

残念ながら、先生を含めた身近な大人が、たまたまそういった理不尽な苦しみに寄り添ってくれない人かもしれない。ですが、理不尽な状況に対して動いてくれる人、変えてくれる人、は必ずいます。それは、近所の物わかりのいい人かもしれないし、専門の市役所の担当者、ＮＰＯの人、マスコミ、地方の議員かもしれません。ウェブで調べれば、信頼できるそういった人たちの情報は探せます。ウェブにはまだノイズとなる情報も多いですが、減らしていくことに努めている段階です。

内田　いじめ・不登校を含め、すべての学校問題に言えることですね。校則や体罰のように、**教師や保護者が加害者になるケースは、子どもたちに啓発されていません**。例えば道徳や国語の教科書に、生徒どうしのトラブルやいじめは話題にあがりますが、先生が子どもに暴力をふるったり、保護者が子どもに暴言を吐く、という記述はありません。むしろ、先生や親を敬いなさい、ということになっている。だから余計に、理不尽であっても声をあげてはいけないという心情になりやすいのではないか。

だから本当は、「先生だって悪いことをしでかすかもしれない」ということを、子どもたちに伝えないといけないんです。大学だと「教官のセクハラに注意」というようなポスターがあります。そういった形で声をあげてもよいということや逃げ道があるんだということを伝えるべきなのかもしれない。保護者も同様で、生活の場で頼りになるはずの先生や保護者が自分を害するかもしれない、という可能性を、子どもたちが知っておけるようにしてあげるべきなのです。さらにはそれと同時に、**「居場所は学校や家だけじゃない」**というメッセージも必要です。

どんなルールにも完璧なものはありません。校則が何らかのかたちで子どもに理不尽さを強いたとしましょう。そのとき、子どもの声をちゃんと受けとめる体制、それは教師の業務削減や増員も含むもので、そういった体制が整えられていれば、子どもの訴えが校則にフィードバックされて、おのずとブラック校則はホワイト校則へと姿を変えていくのではないかと思います。

荻上　子どものうちはどうしても、生活の場である学校や家で世界が完結していると思いがちです。しかし、学校も家も苦しくても、居場所はあります。何にもおびえず強制されず、人のことを傷つけなければ自分が傷つくことがなく、自由を発揮できる場所があることを知ってほしい。そして私たち大人は、子どもがそのようにつながれる場所をつくる義務がある。

子どもたちに**「逃げ場所がある、不満の言える場所がある」**ということを伝え、その受け皿をつくっていかなければいけません。理不尽なブラック校則自体を変えていくことと同時に、苦しみ悩む子どもたちが安心できる居場所をつくっていくことが、私たち大人の責務です。

ブラック校則　想定問答

Q

ブラック校則といっても、昔に比べたらたいしたことない！

子どもの貧困や発達障害への配慮、子どもの権利の尊重などの面で、確かに学校の状況は改善されてきています。他方、「ブラック校則を変えよう！　プロジェクト」が行った調査では、スカートの長さや下着の色の指定、眉の手入れや整髪料の禁止など、校則における多くの項目が近年増加傾向にあり、細かな管理や制限はむしろ強まっていることがわかりました。校則の問題は過去のものではなく、今なお多くの子どもたちが理不尽に権利を侵害されているのです。

Q

校則は学校のルールを守るために必要だ！

全ての校則を、全ての学校から撤廃すべきだとは言いません。学習の場や児童生徒の安全・安心を守るためのルールは確かに必要でしょう。また、「子どもの保護」を理由として、一定の制限を与えることもあります。ですがその制限には一定の合理性と根拠、保護者や当人の合意や決定プロセスへの参加が求められます。学校側から一方的に提示された校則で、納得できる説明も出来ず、個人の権利を不当に制約したり、当人の心身や経済に被害をあたえかねない場合は、ゼロベースで見直すことができるのではないでしょうか。

Q

校則は学校との決まりごと。それが嫌なら学校をやめればいい！

国立教育政策研究所の調査によると、6割超の高校が入学段階で校則や指導基準を書面で伝えておらず、口頭を含む具体的な説明に至ってはもっと少ないと推測されます。ウェブでの公開などを含め事前に十分な説明がないにもかかわらず、理不尽な校則を強要することは不適切です。そもそも別の調査によると、年間1万人が校則を理由に不登校になっています。つまり①そもそもほとんどの学校が校則を説明しておらず②校則が嫌で辞めざるを得なくなっている人は既にたくさんいる。本当にそれでいいのか、と問うているのです。

Q

社会に出たら理不尽なことが待っているのだから、学生のうちになれるべき!

これは「生存バイアス」と呼ばれるもので、そういった理不尽な学校や社会に過剰適応した側の発言です。理不尽に慣れてそれを維持するのであれば、社会に蔓延する理不尽な状況は変わらず、適応できない人が苦しむだけです。「みんな苦しかったんだから、苦しさになれよう」は無意味などころか、社会にとってマイナスです。むしろ「理不尽であることに気づき、声を上げられる」人材を育て、社会全体を変えていくことの方が生産的です。

Q

日本人は黒髪、そうでない生徒は染めているのでは？　みんなで揃えることが大事だ！

「ブラック校則を変えよう！　プロジェクト」の調査結果では、「日本人は黒髪ストレートだ」というのは幻想で、生まれながらに茶髪や金髪の子どもは多くいますし、ハーフやクォーター、在日外国人の子どもたちも在学しています。そういった子どもたちの生まれながらの髪の色を否定するのは差別です。

また、髪染めで頭皮にダメージを与え、尊厳を傷つけ、家庭に経済的負担をかけてまで、全員の髪色などを揃える全体主義は、子どもをブランド維持の道具としか見ない発想です。

Q

成績上位校はともかく、成績低位で荒れている学校は厳しく指導しないと改善しない！

「ブラック校則を変えよう！ プロジェクト」の調査結果では、成績と指導の厳しさに相関関係はなく、「校則で厳しく取り締まれば、その生徒の成績が上がる」という主張に根拠はないと結論づけました。また、厳しい校則で非行や生活が改善したとしても、それは校則そのものではなく、その過程で子どもと先生が向き合ったからではないでしょうか。であれば、校則による一斉取り締まりより、一人ひとりと密に接することの方が重要といえます。

Q

学校は遊んだりおしゃれをするところではないから、取り締まるのは当然！

学校は原則として学習の場ですから、授業を阻害したり、他人に危害を加えるような場合に取り締まることは必要です。ですが、学習に関係のない服装や髪型を取り締まる合理性が、学校にあるのでしょうか。そもそも、他人の衣服や髪型を細かく制限することは、一般社会の尺度からして不適切です。さらに、下着の色を取り締まるなど、衣服に関する校則や指導自体がハラスメントになっている可能性を重く考える必要があります。文化や服飾を学ぶのも子どもの権利。授業の妨げにならないのであれば、服装は自由でいいでしょう。

Q

生徒が華美な服装で痴漢にあったらどうする？厳しく取り締まったほうが子どものためだ！

服装が華美だと痴漢に遭うというのは、典型的な誤解です。性犯罪は多くの場合、性欲のみならず支配欲等が要因とされ、「歯向かわなさそうな人」の方がねらわれるケースもあります。本当に痴漢対策を考えるなら、制服をやめるほうがよほど合理的。こういった指導は、全く罪のない子どもが性被害にあったときに「そんな格好をしているせいだ」という、被害者への二次被害を生みかねません。

おわりに

私には、前著『ブラック部活動：子どもと先生の苦しみに向き合う』（本著と同じ、東洋館出版社から刊行）を発表してから、しばしば耳にする言葉がある――「ブラックは一部！」である。

とあるテレビ局の情報番組が、テーマとして「ブラック部活動」をとりあげてくれた。教師が部活動の指導で疲弊していることを問題視するという趣旨で、私のほか複数名の識者が、番組に出演した。

番組からの問題提起を受けて、識者の一人が開口一番訴えたのが、「これは一面です！」であった。顧問である教師が疲弊して倒れそうになっているケースは、部活動全体でいえば一部であり、楽しんでいる教師、ほどほどにやっている教師もたくさんいるといった旨の発言内容だったと記憶している。

「ブラックは一部！」と訴えるのは、識者だけではない。日々部活動を指導してきた教師や、中高時代に部活動を経験してきた人びとからも、同じような声を幾度と聞いた。

「ブラックは一部！」とは、まさにそのとおりである。まさかすべての部活動顧問が倒れる寸前であるほどに身も心もすり減らしているわけではない。そうだとすれば、学校を閉鎖して、すべての教師に自宅療養を命じるべきであろう。

そもそも「ブラック○○」の元祖といえる「ブラック企業」にしても、やはりそれは、一部の企業の労働状況について、それを問題視するものである。けっしてすべての企業を指しているわけではない。

さらにいえば、いじめや不登校、体罰もまた、一部の事例である。そして、震災や津波、米軍基地など、これらもどこか一部の地域の課題である。私たちが教育問題や社会問題とよぶものは基本的に、誰かあるいはどこか一部に、その被害が限定されているものばかりである。そんなことは、わざわざ強調するまでもないことだ。

大事なのはそれら一部の問題を、私たちみんなで考えていくという姿勢ではなかったか――

「ブラック校則」の話題は、大阪府立の高校に在籍していた女子高校生の訴えから始まった。たった「一人」の若者による問題提起である。それがいま、本書の出版を含め多方面に影響を与えている。

その背後には、きっと声をあげながらも、かき消されていったケースがたくさんあることだろう。そして、声さえあげられずに耐え忍んだというケースは、さらに多いことだろう。

それを考えると、「ブラック校則」を見直す機運が高まっているいまこそ、私たちは知恵を出し合い、声をあげていかなければならない。

校則の未来は、私たちにかかっている。

内田　良

【編　者】

荻上チキ（おぎうえ・ちき）

評論家。「ブラック校則をなくそう！　プロジェクト」スーパーバイザー。著書に『ウェブ炎上』（ちくま新書）、『未来をつくる権利』（ＮＨＫブックス）、『災害支援手帖』（木楽舎）、『彼女たちの売春《ワリキリ》』（新潮文庫）、『ネットいじめ』『いじめを生む教室』（以上、ＰＨＰ新書）ほか、共著に『いじめの直し方』（朝日新聞出版）、『夜の経済学』（扶桑社）ほか多数。ＴＢＳラジオ「荻上チキ Session-22」メインパーソナリティ。同番組にて２０１５年ギャラクシー賞（ラジオ部門ＤＪ賞）、２０１６年にギャラクシー賞（ラジオ部門大賞）を受賞。

内田　良（うちだ・りょう）

名古屋大学大学院教育発達科学研究科准教授。専門は教育社会学。スポーツ事故、組み体操事故、「体罰」、教員の部活動負担や長時間労働などの「学校リスク」について広く情報発信している。ヤフーオーサーアワード２０１５受賞。著書に『ブラック部活動』（東洋館出版社）、『教育という病』（光文社新書）、『柔道事故』（河出書房新社）、『「児童虐待」へのまなざし』（世界思想社、日本教育社会学会奨励賞受賞）、編著に『教師のブラック残業』（学陽書房）ほか多数。

【執筆者】※初出順

荻上チキ（おぎうえ・ちき）　**第1章・第2章**

前出

岡田有真（おかだ・ゆうま）　**第1章**

東京大学大学院教育学研究科 比較教育社会学コース 修士課程。

内田　良（うちだ・りょう）　**第3章・第12章**

前出

真下麻里子（ましも・まりこ）　**第4章**

中学高校の数学の教員免許を持つ弁護士。宮本国際法律事務所所属。NPO法人ストップいじめ！ナビ理事。全国の学校で講演活動や教職員研修を行う。YouTubeにて「いじめを語る上で大人が向き合うべき大切なこと」（TEDxHimi 2017）が公開中。

渡辺由美子（わたなべ・ゆみこ）　**第5章**

NPO法人キッズドア理事長。「ブラック校則をなくそう！　プロジェクト」発起人。日本のすべての子どもが夢と希望を持てる社会を目指し、活動を広げている。内閣府子供の貧困対策に関する有識者会議構成員、厚生労働省生活困窮者自立支援及び生活保護部会委員、専修大学非常勤講師。「全国子どもの貧困・教育支援団体協議会」設立世話人・副代表幹事。著書に『子どもの貧困』（水曜社）。

綾屋紗月（あやや・さつき）　**第6章**

東京大学先端科学技術研究センター特任研究員。自閉スペクトラム症当事者。2011年より発達障害当事者が中心となって運営・参加する当事者研究会を開催中。共著に『発達障害当事者研究』（医学書院）、『つながりの作法』（NHK出版）など。

増原裕子（ますはら・ひろこ）　**第7章**

LGBTアクティビスト、株式会社トロワ・クルール代表取締役。「ブラック校則をなくそう！　プロジェクト」発起人。慶應大学大学院修士課程、慶應大学文学部卒業。ダイバーシティ経営におけるLGBT施策推進支援を手がける。経営層、管理職、人事担当者、営業職、労働組合員等を対象としたLGBT研修の実績多数。共著に『同性婚のリアル』（ポプラ新書）ほか。

内田康弘（うちだ・やすひろ）　**第8章**

日本学術振興会特別研究員PD（愛知教育大学）。博士（教育学）。研究テーマは、不登校・高校中退経験者の移行過程および学習・進路支援に関する社会学的研究。共著に『通信制高校のすべて』（彩流社）、論文に「サポート校生徒と大学進学行動」『教育社会学研究　98集』（日本教育社会学会 編）など。

大貫隆志（おおぬき・たかし）　**第9章**

生徒指導による子どもの自殺である「指導死」の遺族として問題提起を行い、講演をはじめ様々な活動を行っている。指導死 親の会 共同代表、一般社団法人ここから未来 代表理事。編著に『「指導死」』（高文研）、共著に『子どもの人権をまもるために』（晶文社）。

原田法人（はらだ・のりと）　**第10章**

元公立小中学校教員。小学校勤務十五年・中学校勤務十五年・日本人学校勤務四年・教育委員会事務局勤務二年。

大塚玲子（おおつか・れいこ）　**第11章**

ライター・編集者。主なテーマは「ＰＴＡ」と「いろんな形の家族」。各種媒体に執筆、講演、ラジオ等。著書に『ＰＴＡをけっこうラクにたのしくする本』『ＰＴＡがやっぱりコワい人のための本』（以上、太郎次郎社エディタス）ほか、共著に『子どもの人権をまもるために』（晶文社）。

ブラック校則
理不尽な苦しみの現実

2018（平成30）年 7 月31日　初版第 1 刷発行

編 著 者　荻上チキ
　　　　　内田　良
発 行 者　錦織　圭之介
発 行 所　株式会社 東洋館出版社
　　　　　〒113-0021　東京都文京区本駒込 5 丁目16番 7 号
　　　　　営業部　電話 03-3823-9206 ／ FAX 03-3823-9208
　　　　　編集部　電話 03-3823-9207 ／ FAX 03-3823-9209
　　　　　振替　00180-7-96823
　　　　　URL　http://www.toyokan.co.jp

カバーデザイン　水戸部 功
本文デザイン　藤原印刷株式会社　宮澤 新一
印刷・製本　藤原印刷株式会社

ISBN978-4-491-03557-4
Printed in Japan